U0664810

[illegible library label]

# Introverts in Love

*The Quiet Way to Happily Ever After*

# 安静的幸福

## ——内向性格者的爱情密语

〔美〕索菲娅·登布林

Sophia Dembling  著

童心  译

西南师范大学出版社

国家一级出版社  全国百佳图书出版单位

万墨轩图书
WIPUB BOOKS

献给汤姆

尽管我话不多，但他总在必要的时候鼓励我说下去。

# 前言

　　爱情是复杂的。它既普遍地发生在人们身上，但同时又非常个人化。从某个角度来看，没有人可以称得上是爱情专家，但从另一个角度来看，每个人都深谙爱情的秘密。我们拥有的爱情是共通的，不然怎么会有那么多歌颂爱情的歌曲，能引起那么大的共鸣？但是，爱情也是不尽相同的——曾几何时，你也看着一对夫妇，纳闷他们是怎么走到一起的？

　　在那些构成我们的元素中，性格内向或外向只是很小的一个方面。我们每个人都是复杂的个体，都有自己的个性和怪癖，希望和梦想，先天或后天的特点，还有一些让人恼火的习惯。当然了，所有成功收获爱情，让爱情保鲜的人们，不管你是否内向，不管你的另一半性格如何，这里头的秘密就在于：沟通，让步，还有尊重。同样的，若是没能做到这几点，两个人的关系也必定会走向终点。也许每段感情的细节各不相同，但是爱情的一般原则适用于每个人。

那么，既然我们都懂这个道理，为什么还要读一读《安静的幸福——内向性格者的爱情密语》呢？

一方面，在寻爱路上，性格内向的人似乎显得挺格格不入的。我们没法像外向者那样活跃，就算我们在那里，也没法那么快结识新朋友。

27岁的单身作家泰勒是一个性格内向的人，她说："和朋友们相比，我不常出去约会，因为我更喜欢宅在家里做一些有意思的事情，比如读书、打游戏。在聚会上，我也不会和人们打成一片。我更喜欢和熟悉的朋友们在一起，若是有人突然插进来，我不会若无其事地和陌生人聊天。那不是我的风格。"

不仅仅如此，内向的人哪怕是遇到了让自己感兴趣的人或事，也不会主动迈出第一步。60岁的艺术家拉梅尔也是性格内向者的一员。他讲了很多故事，都是自己对别人一见钟情，然后勇敢地表白，却往往被拒绝。多次失败之后，他认定主动出击太不值得了。他说："后来，我就只是坐在那里，等着别人的主动搭讪。"（幸运的是，拉梅尔遇见了命中注定的外向伴侣，本书会讲述更多关于他们的故事。）

总之，我们在交际上的精力是有限的，那么如何在寻爱之路上走得更远，更平稳呢？如何邂逅自己命中注定的另一半？当我们的内向要自己退后时，我们又该如何勇敢地向前走呢？

此外，是不是内向的我们倾向于爱上某种类型的人？是给我们的生活带来激情与力量的外向异性，还是贴心地与自己分享安宁的同类呢？

也许你从来没有正面回答过这些问题，但是当你走在寻爱的路上时，这样的疑问一定时常萦绕在你心头。

而且，疑问远不止这些。在我们遇见可能的另一半时，我们的内向性格就会显现出本质。我们如何在坚守本心、保持独立的同时，让另一个人走进那扇心门呢？在不引起误解和不适的前提下，我们如何平衡自己对陪伴的渴望和对独处的需求呢？每天给另一半发多少条短信，打多少个电话，才是合适的？

对很多人来说，开始一段崭新的恋情是很耗精力的，但是，爱情也不会屏蔽掉个人对独处的需求。59岁的工程师约翰已经离异，他表示自己不知道如何"在推崇依赖关系的社会里，保持对内向的自信，坚守独立的生活"。34岁的单身律师德鲁则表示，每次约会的女士，到最后都会抱怨自己不能付出更多的时间来陪她。他说："每天都要黏着？那我可做不到。"是不是有的人就是不适合形影不离的感情呢？本书也将为您一一解答。

本书讲述了很多性格内向者的故事，单身的，已婚的，离异的，同性恋，异性恋甚至双性恋。他们谈到了自己在寻爱路上邂逅的恋人和伴侣，有的甜蜜，有的苦涩；谈到了自己的期盼和需求；谈到了自己为什么会感到幸福以及怎样才会更加幸福。我采访了很多内向者，有的伴侣同样内向，有的伴侣却很外向。我还拜访了那些新婚夫妇，还有在婚姻里走过很多个年头的老夫老妻。

为什么我不采访那些外向者呢？因为我觉得他们的心声我们已经听过很多次了，不管是我们自己熟知的外向朋友，还是在社交圈子里主导动向的人们。毕竟，在公共场合大方说话是外向者的拿手好戏。

此外，早在2009年，当我开始写关于内向的东西时，我就发现了很多关于内向者的小秘密。很多人不知道自己本质上是内向的，直到读到关于内向的文章或是听到内向者的倾诉时才意识到这一点。他们一开始只是觉得自己有点怪异，总是听到周围的人对自己说"你这样生活是不对的"，并认为他们要改变自己的生活方式。

一晃好几年过去了，现在"内向"是个热门话题，内向者开始欢快地踏上自己的学习路径，去发现自己是谁，如何更好地融入这个世界。我的第一本书《内向的力量——内向性格者在外向世界的优势、潜能及成功法则》就是一本指南，引导内向者过好自己的生活。我收到了很多读者来信，他们表示这本书给予了很大的帮助，让他们意识到并接受自己的需求，将其表达出来。而《安静的幸福——内向性格者的爱情密语》这本书将会讨论内向者的爱情。这是一本为内向者量身打造的书。

外向朋友们也可以读一读，只不过书中都是内向者的心声。

在我们的讨论过程中，有的观点可能是你赞同的，有的阐述可能会进一步揭示你和你的情感关系的真实面貌。此外，这一系列的讨论也有可能会在你的脑海中留下一些疑问，让你开始思考一些问题。这都没有关系。对于本书里提到的建议，你只选取对你有用的即可。该书并没有为所有寻找幸福的人们提供一个爱情的黄金法则（要是我可以的话，我一定早就赚得盆满钵满啦！），而是为你自己的爱情提供一些建议。

如果你正走在寻爱之路上，我希望这本书能够帮你认识到自己的特点，了解自己的内向性格。我也希望这本书能和你一起讨论作为内向者的心理需求，让你在生活中也能自如地表达自己的需求，知道还有其他人跟你感同身受，并了解他们是如何解决问题的。这本书将告诉你如何在亲密关系中提出独处的需求，如何平衡参与社交活动的需求和宅在家里的愿望，如何解决各种冲突。我希望，进一步了解这些能让你收获更多自信，不被那些想改变你或者负面评价你的人影响。

如果你正处在一段感情里，也许你会发现自己已经经历了本书提到的那些阶段——又或者还未曾经历。如果是后者，也许这里的一些观点会让你从另一个角度看待自己爱情中反复出现的冲突和不安——无论是一大早的唠叨，还是因为想要独处而产生的负疚感。

我并没有给出唯一的、正确的答案，只希望这本书能让你看清爱情里可能会出现的问题。如果你正处于一段能够开诚布公地沟通并彼此尊重的情感关系中，那就再好不过了，这些问题都会迎刃而解。它将让你置身于甜蜜与喜悦之中，带你踏上通往幸福的旅程。

# 目 录

CONTENTS

**PART TWO** 第二部分

♥ **爱在哪里？如何找到爱情？**
邂逅，约会，联系

**PART THREE　第三部分**

♥　**内向性格者通往幸福婚姻的阶梯**
　　从约会到恋爱

# 第一部分
## PART ONE

■ 寻爱的路上，你必须知道自己想要到达的地方
*To Get There, You Have to Know Where You're Going*

你想要一段什么样的感情呢？
*What Do You Want from a Relationship?*

## ❤ 志趣相投？互补相吸？

另一半该是怎样的呢？开朗的外向？安静的内向？

提到恋爱关系，我问得最多的一个问题是：两个内向的人 (introverts) 收获爱情，是因为他们懂得对方为人处世的方式吗？而一个内向和一个外向 (extrovert) 搭配的情侣会更幸福，是因为他们刚好互补吗？

答案都是肯定的。

一方面，人以群分；另一方面，互补相吸。这都是因人而异而已。

"对我来说，跟一个外向开朗的人走进婚姻的殿堂，是件挺有压力的事。" 43 岁的退休工人托恩这样评价自己的婚姻，"对于社交，我们俩的需求一直无法合拍。那时候，我每天都必须逼自己适应前夫的生活方式。他渴望社交，认为我们要一起做该做的事。" 而当托恩与一位性格内向的人再婚后，她觉得当下的生活十分轻松。"他懂我的需求，理解我，因为他跟我是一类人。在我的人生中，我第一次体会到了内心的宁静。"

然而，对于28岁的教会技术总监泰勒而言，和内向的女子约会相当困难。"如果我处在某个社交情境中，和一群人待在一起，我完全可以掌控我所做的一切事情。但是，倘若我的女伴在这样的环境中不知所措，我是不可能像带小孩一样时时刻刻去呵护她的。两者我只能顾其一。我就是这样一个人。"

5年前泰勒结婚了。他说自己的妻子"可以跟顽石交上朋友"，这正是让他痴迷的地方。"她的朋友多得让我惊讶，而且她花在朋友们上的心思和精力特别多。我挺欣赏她这点的。"

我采访了很多性格内向的人。有的正处于爱情甜蜜期，他们的恋人或外向开朗，或内向安静，几乎各占一半；有的则离过婚，他们前一段婚姻的另一半也是要么外向，要么内向，比例也一半一半。

那么，我们要去哪里寻求爱情呢？就在介于志趣相投和互补相吸之间，那片因人而异的灰色区域里。因为，每当面对吸引我们的人时，性格是内向还是外向几乎不会影响什么。心理学家格伦·戈赫（Glenn Geher）进行了相关研究。他认为，人们在选择配偶时，会以与自己性别相对的父/母亲作为参照，并选择类似的恋人。对于选择伴侣或者婚姻是否幸福而言，外向这种个性特点并没有起决定性的作用（根据心理学家的定义，内向的人心理外向程度偏低）。实际上，个性随和，情绪稳定似乎更加重要。

海伦·费希尔博士（Dr. Helen Fisher）也认为，性格内向或外向跟恋爱成功与否没有必然关系。费希尔是一位生物人类学家，毕生研究婚恋依恋关系 (romantic attachment)。交友网站"化学作用"(Chemistry.com) 所使用的问卷就出自她之手。在《缘来是你：如何长相爱，长相守》（*Why Him? Why Her? How to Find and Keep Lasting Love*）一书中，费希尔阐述了自己对行为、吸引力以及大脑化学的研究——重点解说了多巴胺、血清素、睾丸素和雌性激素的数量及活性。

她说，正是这些物质的相互作用，塑造了四种典型性格，也就是吸引力的源头。简单来看，吸引力法则归结为四个板块，从生物学上延伸出四种性格。探险家（explorer）：易冲动，爱冒险；建筑师（builder）：观念传统，顾家；导演（director）：逻辑性强，善于分析；以及谈判人（negotiator）：爱想象，信直觉。

上述四种性格并未提到内向和外向。"因为这两者在人类的爱情吸引方面没有决定性作用。"费希尔在书中解释道。注意，她用到了"决定性"（decisive）一词，可见性格内向或外向也许有一定的作用，但是否重要并不明晰。倘若一个性格内向的人偏好于探险家这类型的人，那么他很有可能会被外向的人所吸引，逐渐远离自身的舒适区。而偏向建筑师的内向者则可能青睐同类，因为他们享受彼此陪伴，以家庭为中心。

无论是何种组合，都有相应的风险和回报。倘若夫妻双方性格相异，内向的那一方会一直为了自己所需要的独立空间而挣扎，而偏偏外向的那一方没有这样的需求。这种差别恰恰使得约翰的婚姻走到了尽头。

约翰提道："我妻子从来就不理解我，一直抱怨我的生活方式，不懂我为什么在聚会的时候非要找个安静的角落独处，为什么我在她需要关注的时候不做任何回应。"他也曾尝试跟妻子解释，还向她推荐了一些书籍，但仍于事无补。妻子依然认为丈夫不爱自己，伤了她的心。而约翰则觉得压力重重，一切都脱离了原有的轨道。

一方内向，另一方也内向的夫妻也有本难念的经。跟我聊过的很多内向者承认自己没有对抗精神（non-confrontational），这是他们的短处。如果夫妻双方都内向，思想就会非常被动，行事瞻前顾后，两人也许会陷入感情冬眠（suspended animation）的僵持期。46岁的保罗是一位建筑设计师，他和女友相恋已有20个年头了，但是两人在婚姻问题上仍然踟蹰不前。他说："还有很多问题没有处理好。我们恋爱20年，却没有结婚。我觉得这是因为我们俩性格都太过于内向了。"

另一种情况则是，内向的双方都太过沉溺于自己的独立空间，使得两人的感情逐渐受到影响。尽管我丈夫比我稍微开朗一些，我们俩都偏内向，但在工作中，他整天与人打交道，而我则是独来独往。下班后，他希望有个安静的家庭生活，而我却盼着能有点交流。我喜欢跟他一起坐在沙发上聊聊天，但他却显得不那么自在。有时我也会想，要是我们俩能外向一点，让生活多一点激情就好了。

宅在家里其实并没有什么不妥，只要你享受宅的生活。45 岁的艾德正在学习环境生物学，他和 46 岁的图像艺术家丽贝卡于 2012 年结婚。两人都偏内向，但婚姻和美，生活幸福，秘诀在于两人都是"隐士"（hermit）。"我们不住在市区，对田园生活情有独钟。这样一来，我们不必花大量时间和精力招待朋友，也不会遇到突然到访的客人。"艾德说道，"我在学校学习，她在公司上班，我们完全可以通过各自的社交圈满足社交需求。"

究其所以，在一段感情当中，并没有谁对谁错，也没有所谓的"黄金定律"可以解决一切问题，对内向的人而言尤为如此。人们各有所需，我们要做的，就是了解并尊重自己的需求，直面自身的优势和短处，若能找到一拍即合的另一半，那就再好不过了。

约翰·D. 梅尔（John D.Mayer）在《个人智慧：成就一生的个性力量》（*Personal Intelligence: the Power of Personality and How It Shapes Our Lives*）一书中这样写道："无论我们是想经营好一段感情，还是努力开创出一番事业，这一切并不像把一个插头插进插座那样简单。我们要经历的远远不止对号入座。这更像是把一个大号塞进圆筒行李袋一样。"我们的个性就好比一个大号，形状不规则，每个音栓都很复杂而精巧，但只要稍微花点心思，配对的行李袋是可以容纳它的。

丘比特的爱情之箭凡人捉摸不透，没有人能确定令你萌动的那一箭会落到谁的心上。作为一个内向的人，如果你还没有坠入爱河，不妨好好考虑你是愿意为另一半走出自己的洞穴，还是更希望另一半走进来，陪伴左右。如果你已经中了丘比特之箭，也许这本书可以提供一些帮助，让你看清、理解、尊重（甚至适应）对方的性格。内向性格虽然不会决定你就是怎样的一个人，但它的地位至关重要。对大多数内向性格的人来说，我们只是想要在熙熙攘攘中找到共鸣。

## ❤ 爱上内向性格者的五大理由

为什么会有人与内向的另一半共度一生还甘之若饴呢？有以下几个原因值得探讨探讨：

### 1. 理解万岁

首先，在很多内向者心中，能与一个同样可以享受安宁的乐趣，习惯有节制的社交活动，在家里也能自得其乐的人相遇，并最终相爱相知，这真是无与伦比的幸福。托恩说："我们俩的爱好差不多，都喜欢蹲在家里，享受平静的生活。" 32 岁的道格是一位作家，他这样评价他的新婚妻子："我的另一半懂得我对这种安静空间的需求，我很感激她的理解和体贴。"

如果另一半并不痴迷于精心安排让你感到纠结和勉强的旅行，并且还能理解你需要一点独立的空间来审视自己的内心，那真是一件让人大松一口气的事情。此外，有的内向者完全懂得和理解人的内向性。这样一来，你就不必费尽唇舌地解释你为什么会这样。

## 2. 沉默是金

内向者绝不会喋喋不休。"我们经常依偎着坐在一起，也不说话。"朱丽叶这样描述她与男友的相处。她今年22岁，同居的男友也是一名内向者。

如果对方就想安安静静地待会儿，默默整理自己的思路，玩玩电脑，打打游戏，读读书，或者沉浸在任何事物中，内向伴侣绝不像外向伴侣那般小题大做。他们不会对生活中的琐碎唠叨个不停（他们的看法都是心里头的，但他们不会拉着你说）。他们知道，即使是沉默，你也依然能和他人亲近，相互牵挂。在内向者的世界里，早晨可不是用来抱怨的，辛苦工作一整天后，放松一下是再好不过的了。外加一点：如果两人没有言语上的沟通也能鱼水情深，那么身体上的分离就不会那么让人感到紧张。这是除了独处之外最棒的事情了。

### 3. 没有聚会压力

"我们很喜欢一起出门，但并不能享受一大群人的狂欢，因为这样不得不和很多人打交道，"瑞贝卡说，"所以不管谁说不想去赴某个约，另外一个绝不会有太大的意见。"

若聚会计划取消，内向者通常会松一口气。所以和内向者在一起，你可以不用顾忌那么多，可以大方推掉很多社交活动。两个人对于聚会的喜好一致，那就意味着一起决定接受或拒绝聚会邀请时不会有多大的分歧。就算两人一起露面，很有可能你准备离开的时候，另一半正在等你。除非你的另一半恰好比你更加内向。51岁的商业礼仪顾问艾尔登对此深有体会。她说："我的先生特别喜欢宅在家里，这里摸摸，那里看看。而我则倾向于出门逛逛、吃饭、看电影、旅行等等。"

### 4. 他们绝不会把你拽进舞池

不管是字面上还是潜台词都是这个意思。内向的另一半如果知道你不喜欢某个旅程，绝不会说"试一试，你肯定会爱上它"，去强迫你做某件事。无论是卡拉OK，兔子舞，还是和一群人裸泳。内向者觉得被拒绝也没什么大不了，你不用为了迎合他人而改变自己的喜好。

诚然，内向者把你拽进舞池的次数少之又少，即使有万一，内向的另一半也会理解你的不情愿。而外向者一边看着你的勉强，一边劝你试一试，表示走出舒适区对你有好处。这的确有道理，但是被人拽着，嘟嘟囔囔地走出来总不是件令人愉快的事。

### 5. 拥有一个安静伴侣的乐趣

在你心中，怎样的娱乐才算愉快的时光？窝在沙发里捧一本书？走一走僻静的小路？看一看艺术展？在街边的咖啡屋坐一坐？来一场徒步旅行？当然，你可以独自享受其中的乐趣，但若是沙发里还有个温暖的怀抱；旅程中有紧紧牵着你的双手，陪你看云卷云舒；展览上有人陪你静静地欣赏作品，喝咖啡时再畅快地聊一聊；徒步时有人既会默默地跟随，又会与你深入讨论乍现的灵光：这不是更美好吗？

我并不是说外向者不喜欢这些，我知道他们也自得其乐，但是很多时候，他们很容易满足于自己的所见所闻，很快就想着要去参加社交活动，这是他们的需求。59 岁的南希说："尽管我们很喜欢和其他人共度美好时光，但是最美妙的还是享受彼此的陪伴。"她是一名平面设计师，妻子苏珊是一名外向者。"但是，两三天的二人世界对于苏珊而言，已经完全足够。"

## ♥ 与外向性格者约会的五大理由

外向者和内向者可以相处得很愉快，这其中有以下几个秘诀：

### 1. 有外向者的陪伴，其乐无穷

罗拉说："我超级喜欢和有趣并且合群的人一起玩，他们总会提议'咱们来试试这个'，'要不去那边看看'。"这位 50 岁的爱尔兰营养学家兼媒体经理人的心上人就是一名外向者。

很多外向者具有冒险精神，但迈出探险第一步时，并不是每个人都会那么兴致勃勃。而且外向者想法很多，精力充沛，对于出去看看世界有强烈的欲望，乐于实践，尤其喜欢和他人一起行动。

很显然，对于内向者来说，并非人人都觉得聚会是件好事。总有人没法理解，为什么会有人那么想去参加聚会。但是也有内向者愿意以他们自己的方式去找找乐子。和外向的同伴一起参加聚会，就可谓是两全其美：不用绞尽脑汁就能玩得开心，只要跟着一起玩，一起享受就行了。

### 2. 不必忍受孤独

我采访过的很多内向者都跟我提到交朋友并不容易，尤其像我们这种平时不太会随意和陌生人聊天的人。我自己深有体会，我宁愿在聚会上独处一隅，也不愿意加入一群人的狂欢。但这并不代表我们不需要朋友，我们只是觉得交新朋友是很困难的事情。

而另一边，外向者非常善于和陌生人打交道。如果你的另一半有这样的天赋，你也可以从中获益。"甚至在我结婚前，我的一个知己就是一个百分之两百的外向者。"克里斯今年45岁，是一名网络服务总监。他补充道："在我的生活里，总有那么一个外向者把我从自己的茧中拉出来，介绍给一群新朋友。"

### 3. 不用去猜对方的心思

外向者大多心直口快，有时你喜欢他们的直言不讳，但有时又会觉得对方坦诚过了头。比如，外向者想得到某样东西，或某件事情让他们困扰不已或愤愤不平时，他们的脑子里会"叮"的一声，然后立马采取行动。他们绝不会像内向者那样把事情都放在心里（这一点你我都懂）。

很多过度敏感的内向者的情感雷达会时时刻刻都在运行，去察言观色。当我们拿起某样东西时，脑子里会一直盘旋着几个问题：这个东西对我们有没有什么其他含义？对人际关系有什么影响？当然，这是个吃力不讨好的习惯，而且往往会适得其反。很多时候，那些极度敏感的人并不善于读心术（要么读不准，要么根本读不懂）。他们其实就是不停地猜想、怀疑、瞻前顾后，而这对一段感情来说并没有什么益处。

然而，你也不必对外向的另一半不依不饶。他们一旦有自己的观点，就会表达出来。雷梅尔坦承道："我们俩都很随和，但我偶尔会极度自满，还沾沾自喜。"他的妻子是个典型的外向者，两人一同走过了 25 个年头。"如果她因为什么事而大发脾气，就会破口大骂，但是她的脾气来得快去得也很快。这一点她做得比我好。"

## 4. 行动力

大卫说："如果我要打个电话，我会先坐下来想一想，但我妻子就直接拨号打过去了。"大卫是一名 50 岁的生活教练，他的妻子是一名外向者，两人已经结婚 6 年了。

确实如此：内向者更倾向于三思而后行。虽然事先考虑到了问题的方方面面，但有时我们会沉浸于此而无法自拔，最后什么也没有做。（我自己写下的计划里头就有无数个"另一方面"，可能性太多了，而且往往会相互冲突。）

相反的，外向者大多是行动派，在动手之前不会有这样那样的顾虑。不管这种雷厉风行的生活态度是不是最好的（也许咱们应该坐下来好好想一想），但它起码可以将我们从纠结的思虑中摇醒，并行动起来。

当然万事都有两面性。如果进程中有其他事情冒出来，外向者很有可能会丢掉手头上的事，让你来收拾烂摊子。但是在这种情况下，就要考虑到下一点——和外向者约会的益处了。

## 5. 阴阳协调

这样来说吧：做好一件事总有两个步骤。一是安排要做什么，二是采取行动。就好比一首天籁既要有高潮，也要有铺垫。

无论阳光明媚，还是阴雨绵绵，都有自己独特的美丽。

内向和外向，是天生的一对。

聚会时，外向的伴侣会把你从角落中拉出来，和各色各样的人见面；而散场之后，内向的你又可以带着他好好放松，休息一下。58 岁的罗伯特是一名图书管理员，他提道："女友说我总能让她平静下来，而我在她身上也学到了不少社交技巧。"

外向的他会拉着宅在家中的你出门逛逛，而你可以带他欣赏蓝天白云和葱茏绿树。外向的他滔滔不绝地讨论问题时，你可以给出具体的分析和细节上的处理。外向的他想让你看看外面的精彩世界，而你可以让他懂得，狂欢过后，家永远是个温暖的港湾。

是的，只要你觉得合适，互补的爱情也可以让人幸福一生。

## ♥ 外向性格者光彩夺目，内向性格者恬淡似水

你能否在约会中让对方眼前一亮？

    我高中时期的闺蜜是位女神，也是一位活泼开朗、能言善道的外向者。上天不仅给了她天使般的容貌，还赋予了她冰雪聪明的内在。她肤如凝脂，身姿曼妙，留着一头齐腰的棕色秀发。她很会调情，也很有个性，很快就能和大家打成一片，周围永远不缺献殷勤的男孩子。当时我觉得她只要愿意，随时都可以成为焦点。她是聚会上的交际花，周旋于各种人之间，我们常常能听到她爽朗的笑声，而她就像一杯美酒让人回味无穷。而我呢，在这种场合永远是呆头呆脑的，在她身旁就是一片普通得不能再普通的绿叶。

    毕业多年之后，现代社会与人类智慧的结晶——网络开始普及。我重新和高中的老同学们有了联系。让我震惊的是，当年那片绿叶并没有像我自己想的那样毫不出众。我偶然发现，

其实同学们会注意到我的存在，男孩子也会对我多看两眼，甚至当时我暗恋的男孩也承认当年他对我有点意思。（很可惜，当年我们都没有说出口。当然了，那时我们还是高中生呢。）

得知这一点后，我不禁细细回忆起了自己高中时的点点滴滴。在某种程度上，我还是妄自菲薄了一些，把自己看得太过黯淡平凡。

我想要说的是：对于内向的人而言，我们有时会觉得如果要得到别人的关注，就必须像外向的人那样活泼开朗，光彩夺目，而我们心底是抵触这种行为的。这是一种错误的解读。还记得你母亲经常说的话吗？"你是独一无二的，做自己就好，白马王子总有一天会来到你身边的。"妈妈的话又一次得到了验证。

事实上，你根本没必要像外向的人那样去博得他人的青睐。外向的人和内向的人就好比苹果和橘子一样各有各的可爱之处。外向的人会光彩夺目，内向的人则恬淡如水。外向的人是在天空中绽放的绚丽烟花，内向的人则是家里暖暖燃烧的炉火。向往热情洋溢的人，目光永远会追随像太阳一样灿烂的人，而总有依赖温暖怀抱的他，会对内向恬淡的你情有独钟。

如果你正在寻找那个独一无二的人，那么请记住这一点。

倘若你所成长的家庭环境对内向性格并不欣赏（即使你自身并不这么想），你可能会在追寻一段感情的时候感到灰心，以为自己毫不起眼，总是被忽视，并且会不经意地带上一张面具以获得他人的驻足。大错特错。人们其实会被那些能够接纳自己、与自己泰然处之的人吸引。也就是说，你只要了解自己，喜欢自己，就够了。

　　隐藏真实的自己，就算有人爱上你，这段感情也从一开始就有了欺骗，并且你时时刻刻都会担心被发现。我与先生结婚已多年，他仍会提到我的一件性感上衣。当年他苦追我许久，我终于点头答应和他一起参加聚会时就穿着那件衣服。"我再也没见你穿过它。"先生说这话时，带着一丝丝苦涩和埋怨。那是我第一次，也是唯一一次穿上它，但那时的我根本不是真实的自己。那是一件为爱出风头的人设计的紧身衬衣，绝不是内向如我的心头好。虽然先生多多少少原谅了我对他的欺骗，但我从中得到了一个教训：永远不要伪装成别人的样子，即使那样做会带来很多意想不到的好处，但你的生活也因此失去了本色，永无清静与安宁。

　　如果你像阿黛尔（Adele）一样内敛，即使你并没有打扮得像碧昂丝（Beyoncé）那样妩媚婀娜，却在相处时强迫自己变得外向开朗，让他对你心有所属，这也不可取。当你俩情意绵绵时，你向他展露出你安静的真实一面，这对两人都是一种伤害。你很有可能伤了他的心，因为他内心更渴望和外向的人共度一生，而你们之间的幸福都是暂时的，不坦诚的。也许没过多久，你就开始厌倦无穷无尽的聚会，而对方则会埋怨你把他骗入了一段并不合适的恋情。（这一点，大学生应当注意：校园里总是有聚会，所以你假装成像外向者一样喜欢那种生活并没有什么不妥。但一旦步入社会，聚会就没有那么理所当然了，你必须为此做出努力。）

这让我想起了年轻时的自己。那时，我非常努力地去模仿那个外向的闺蜜。但是很多时候，我都觉得自己太傻了，我并不喜欢他们给我的那些关注。

也许我高中没有男朋友的部分原因就在于我不知道自己想要什么。而我的闺蜜却对她自己了如指掌。那些追随者就是爱她的风情万种，她的热烈奔放和胆大妄为。可是那个时候，我完全不知道别人会看上我的哪一点。我其实很聪明，但总是自怨自艾。"绝不会有人惊叹：'天呐！哥们儿，你看看那女孩的智商！'"我总在心里这样想着。朋友们觉得我很风趣，但实际上我也只是思维敏捷而已，并不能逗得大伙儿笑个不停。对于朋友的求助，我总能给出实际建议，但是就像大多数内向者一样，对于知心朋友，总是很挑剔。因此，并没有多少人能得到我的帮助。

多希望我能像妮泽那样。她现在是一名高二学生。"似乎别人就喜欢我的这种个性，喜欢我的笨手笨脚。"她总结道，"这让我感到很奇怪，但是我的内向确实让我出众，这真是太棒了！"

确实棒极了。

当然，我相信本书的读者大多数早已经历了高中时代。但是不管你到了人生的哪个阶段，总有心神不定的时候。近几年，大家开始崇尚内向，但很多受访的成年人都承认，在此之前，他们并不喜欢，甚至是讨厌自己的内向性格。

从某种程度上来说，约会是需要一些自我推销的营销技巧的。但是，如果你根本不了解自己的特色，甚至不喜欢的话，如何能让对方心动呢？实际上，约会时你的妙语连珠会展现出你的个人魅力，你的内向也会让对方心跳加速。我先生对唠叨的人没多少耐心，所以他很庆幸我不是一个喋喋不休的人。而我呢，也很好"保养"，不需要 24 小时的全方位呵护。

总之，内向者的一些优点如下，供您参考：

**善于倾听**　一些受访的内向者说，自己最大的优点就是善于倾听。"我会先尝试理解他们，揣测他们的真实意图，了解到底发生了什么事，然后再做出回应。"30 岁的克丽丝汀是客户服务代表，刚刚结婚不久。她说："在开口之前，我一般都会认真考虑，尤其是话题很沉重的时候。当然了，我也不是没戳过别人的痛点，说一些自以为是的话。但是，这都是人的通病，我希望自己病得没有那么严重。"

**不会信口开河**　同样的，玲娜说："我也习惯先分析问题，斟酌再三后开口。因为有的话一旦说出口就收不回来了，对方不会那么容易释怀，甚至会一直记在心里。"大卫认为，他与外向妻子的幸福婚姻，一定程度上是因为他说话时会偶尔停顿，仔细思量过后再开口。他建议："好好想想，不要着急，不要一股脑地想什么说什么。"

**深思熟虑** 内向者会反复斟酌要说的话。这意味着，我们通常会把方方面面考虑进去，分析透彻。我们愿意花时间去了解我们关心的人。"我希望能多了解我的约会对象，我会尽量开放一点，跟他谈天说地。"泰勒补充道，"我其实是一个非常忠诚、值得信任的人。"麦丽莎指出：愿意面对面地深入沟通，这能加深双方的感情，进入一个新的阶段，这比其他方式更加有效。

**我会让你大放光彩** 内向的人都知道什么时候该退一步，让对方好好做自己的事。劳拉喜欢和外向的人约会，她觉得让对方把握主动权没有问题。她说："这是在满足他们的需求，他们不会觉得这是一种威胁或者说强迫。我也喜欢和外向的人骑行，一起探索新路。我只需要好好享受，不用想去哪里，怎么走。所以，跟我交往过的男生都说我是个理想的旅伴。"

确实，外向的一方能把一次旅程安排得井井有条，让内向的另一半更加开朗，走出自己的洞穴。而内向的一方同样也能给外向的另一半带来很多惊喜。

**为你创造一个放松的安静港湾** "我丈夫是一名营销人员，精力充沛，热衷于政治。我很能理解他，也总是为他着想，处

处忍让，我觉得他的工作让人心力交瘁。"克丽丝汀很体谅她
丈夫，她笑道，"他在外头辛辛苦苦地与人打交道，唇枪舌剑。
哪还有什么比回到一个安静祥和的家更能让他感到放松的呢？"

　　罗伯特也说："我觉得，我为她提供了一个温暖的依靠，
就像壁炉里静静燃烧的火，暖暖的，让人安心。"

　　**用内向的办法处理问题**　道格是一名分析工程师，他说
自己的工作实际上就是其他工程师口中的"极客"。他在俄亥
俄州立大学一支很有名的仪仗队里吹长号，并在这里遇见了未
来的妻子。"乐队的每个动作都有标准，如果你不能跟上他们
的节奏，就只能出局。"道格回忆道。（有兴趣的可以在视频
网站上搜一搜乐队的表演，你就知道道格的意思了。）当他还
是个大一新生的时候，道格就申请加入这个乐队，但是被拒绝
了。他说："差不多一半人无功而返。"他妻子说，道格并没
有像其他人那样吃不到葡萄说葡萄酸，而是回去仔细研究，按
照乐队的标准反复练习。功夫不负有心人，他终于在大二那年
成功进入了乐队。他妻子还说，正是他的这种坚忍不拔和默默
努力让她动了心。两人结婚后，有一段时间过得很艰难。于是
道格低调地搜寻婚姻幸福的秘诀，并暗暗努力，就这样，问题
解决了。他确实不显山露水，还有点呆，但是正是这种令人惊
奇的品质让两人的婚姻细水长流。

内向者有很多很多类似的不露锋芒的闪光点，但如果你自己都没有看到，又如何期盼他人能够发现呢？

你的闪光点在哪里？

## 爱你所拥有的，还是选择你所爱的？

### 对待感情随波逐流会有什么后果？

现在的你，是在追寻你爱的那个人，还是在等待爱你的那个人呢？

如果你安静内向，更喜欢坐在角落里，觉得自己不会被他人注意，那么如果有一天，一个热情洋溢的他走到你面前，向你发出爱的邀请，这的确是一件让人感到受宠若惊的事，或者说，爱情是盲目的。很多时候，当聚光灯下的那个他愿意和你一同分享舞台上的精彩，这样的邀请是很难拒绝的。更别说那个他态度诚恳，非你不可了。

一方面来说，这样也无可厚非。很多内向者坦诚自己很难走出第一步。44岁的丹是一名电脑技术人员，在工作中遇到了自己的妻子，一个很外向的女人。丹说："如果我单独和女性接触的时候会害羞，那么跟内向的另一半约会将举步维艰，长路漫漫。虽然约会的时候并不会感觉那么糟糕，但是约她出来会让我绞尽脑汁。"雷梅尔的妻子是跨出第一步的那方，他说："能主动向另一半表白的，内心肯定是外向的。对于内向的人来说，如果表白失败，那肯定是一件非常痛心的事，而且做出表白决定就足以让他望而却步了。"

其实，即使你没有勇气走出第一步，那也没有关系。对自我的正确认知能让你走上通往幸福的康庄大道。我采访过的很多内向者承认自己希望被他人追求，不习惯主动出击。但是也有人意识到，这样的习惯会让他们做出不明智的决定。"我太害羞了，一想到自己处于那样的情境就坐立不安。"17岁的妮泽说道。她甚至认为自己绝不会看上一个十分亲和友善、朋友众多的男生。"也许这就是我和他不合适的原因吧！"妮泽叹道，"和这样的人在一起的时候我总是会感到无聊甚至恼火，然后弃他而去。"

因为我们总是期望对方能主动一点，所以我们有时会牵扯进一段并不幸福的感情。如果我们当初能慎重考虑，就不会做出那个选择。

前文已经提到过，为什么外向者会青睐内向者。因为我们（内向者）总会把舞台让出来，而且善于倾听，愿意投入与付出（至少表面上是这样），而对于热切地渴望得到关注的他们（外向者）来说，这些都让他们难以抗拒。与此同时，（不管他们自己有没有意识到这一点）一些外向者确实需要我们来帮助他们平复下来。"她太容易被他人影响了，"南希提到她控制欲很强的妻子时感叹道，"如果能有个人安安静静地陪着她，对她来说很有好处。"

百分之百正确。如果你爱上了外向者的生气勃勃，享受与另一半共享舞台上的繁华，钟情对方的古灵精怪，不管是什么原因让你爱上了一个外向的他，那就顺其自然，搭上他的手，尽情享受吧。

我的建议就是，如果你愿意跟着外向者的脚步在舞台上旋转跳跃，请务必确定这是你深思熟虑的决定。绝对不要和一个爱你，但你不知道自己爱不爱的那个人步入婚姻。不管怎么看，对于所有人，这都是适用的。这仅仅是因为内向者不会那么轻易主动地邀请他人共舞，所以一旦有一个外向的他对你有所青睐，你很容易就陷进他的凝视，并忘记去考虑这样的关注能不能满足你的内心。

被动地让外向的他来选择你还有一个风险。那就是最初你对他百分百的关注会让他欣喜若狂，但慢慢地，他会期待你百分之两百的投入。很多时候，到了后来，双方都会经历天堂到地狱的落差。另一种情况则是，你发现自己仅仅是偶尔热衷于那种热闹的场合，不久之后就有点厌烦了。不可避免地，你会开始抱怨为什么他充沛的精力就不能消停一会儿，为什么不能安安静静地读一本书或者干点别的事。（当然，也有一种情况就是，你们俩相处得很愉快，但偶尔也会有所抱怨。而你的外向伴侣也期望你能够在和他人打交道时更加得心应手。时不时地，爱情或多或少会让人沮丧，但只要这些失落转瞬即逝，也没有什么可苦恼的。）也许你不愿意每次和他约会都是和一大群好朋友一起；也许当他拉着你去参加聚会时，你会越来越勉强；也许你的另一半某天突然厌倦了劝说你参加自己的社交活动。

爱情里容不得沙子。也许某天看到外向的他被众星捧月，你甚至会有危机感。梅西·圣多明哥是网上的一篇文章《外向者必须恰当处理的 6 个秘密》（*6 Things Every Extrovert Secretly Has to Deal With*）的作者。他自己就拥有典型的外向性格。在文中，她抱怨道："就算你本就是如此的随和开朗，只是和往常一样地和朋友打招呼，周围的人也总会误解你，觉得你和某人眉来眼去，不清不楚。"她说，这让她苦恼不已，尤其是当她的友善"被误解，被扭曲。更有甚者，聊天的对象发现她并不是在挑逗时，会觉得被冒犯了。这简直是不可理喻"。

有的外向者确实在待人接物时处处留情，而且自身根本没有意识到这个问题。这种认知也许对外向者来说有点让人愤慨，但是他的内向伴侣会因此感到深深的不安。因为在内向者的眼里，对方的留情以及得到的回应并不是那么简单。

话说回来，我们可以相信自己的第六感。因为有的时候，某些行为不仅仅是外向者在表示友好，也确实是在和他人调情取乐。若真是后者，那么请再凭借你的第六感去判断，另一半是在逢场作戏，还是真的动了情。而且，不管威胁两人感情的因素存不存在，如果你对此无法忍受，而外向的另一半也不愿意为了让你安心而做出改变，那么你就该好好考虑在"爱情"这段旅程中，能不能容忍这颗沙子了。

如果最终你们俩分道扬镳，那么一定要记住，这次不愉快只是你寻爱之旅上的一个小挫折。外向的他会选择你，但你若觉得两个人并不合适，就完全有权利拒绝他的邀请。如果约会的另一半觉得你越来越无趣，在认真思考他对"有趣"的定义之前，你也不要把他的话太当真。尽管也许你们俩的做事风格和思维方式大相径庭，但你永远也不想成为像他那样的人。也就是说，他说你无聊，只是他的个人观点，并不是整个事实。

有的时候，他对你伸出手，并不是发现了你的闪光点。我有一个朋友，卡萝尔·伦诺克斯，在德克萨斯州的奥斯汀做治疗师。她指出，情感问题都能在当事人的童年中找到痕迹。小时候总被忽略的外向孩子，长大后就会对内向的人有所偏好，因为他觉得两人同病相怜。"这跟他儿时记忆中的伤痛是有关系的。一旦他发现内向伴侣对此并不觉得难受，他内心就会恼羞成怒。"

哈维尔·亨德里克斯（Harville Hendrix）在他的经典励志书《爱你所爱：幸福婚姻的秘诀》(*Getting the Love You*

*Want:A Guide for Couples*）中提到，我们寻找爱情时，会无意识地寻找与养育自己的长辈同一类的人。因为人们内心希望这一次能把事情做好。"我们的大脑努力地重建儿时的环境，这并不是一种习惯或盲目的行为。其中一个原因就是，我们渴望治愈儿时留下的心灵创伤。"

从这个角度来看，他选择你是一种下意识的行为。这样的感情一开始就建立在有瑕疵的基础上。如果你是真的爱上这个人那倒还好，如果你只是让自己被迫接受这样的邀请，你的选择也是有问题的。

这个话题挺沉重的，对吧？其实，人生在世，有太多比爱情抉择更加沉重的事情。我们希望把自己的手交给一个让自己安心的人。所以，我们最好还是先建立起成熟的世界观，了解自己，再走上寻爱之路。了解自己是一个漫长而艰难的过程，我们必然会经历各种坎坷，也会在爱情上受到这样或那样的伤害。

如果你现在的另一半或者朋友让你觉得自己更加渺小，没有活出精彩；又或是你发现自己不再愿意为了迎合他人而隐藏真实的自己；那么这也许说明当时在一起，你选择了爱你的那个人，而没有去追寻你爱的某个他。每当这时，你就该退一步好好想想：在这段感情中，我到底需要什么？这是我渴望的爱情吗？是不是因为他跨出了第一步，向我伸出了双手，我才接受了这段并不安静，也不合适的爱情呢？

♥
## 挥之即去

### 有时内向也会让我们感到淡淡的忧伤

　　不管你最近是在结识新朋友，还是在寻找爱情，像我们这样的内向者，并不总会为自己的利益考虑。

　　有时候，我会突然觉得很孤独，也因此感到很迷茫。其实我手上有很多各种各样的邀请函，社交网络上的就更不用说了。朋友们经常邀我去参加这样那样的聚会，俱乐部啦，艺术展啦，联谊活动啦，等等，总是热热闹闹、开开心心的。有的活动我会欣然前往，有的则委婉拒绝。看着这些邀请函，我不禁问自己：为什么我还是会感到淡淡的忧伤和孤独呢？我猛然意识到，这些活动很多时候就是为外向者量身打造的。毕竟，谁会对它们来者不拒呢？外向者们。大部分的活动对内向者来说，并不合适。

　　如果你正在寻找婚姻中的另一半，那么我强烈建议你尽可能多地接受他人的邀请，即便你可能没什么兴趣。因为你需要与更多有意思的人交流亲近。不过我想也许这样子过不久，你就会觉得筋疲力尽，越来越勉强，然后渐渐开始委婉地拒绝邀请。到那个时候，你就会跟现在的我一样，觉得自己被孤独包围了。

这就是我们的困境：我们得不到自己想要的社交邀请。我们的要求很简单：小规模，但是温情满满。也就是和一群同样内向的人聚一聚。没办法，我们是内向的人。我们都在家里等着被同样内向的人邀请去参加聚会。那么，谁去组织我们无比渴望的活动呢？这样一来，我们就陷入了困境：心有所想，却求之不得。

如果你最好的内向密友并不热衷于随意的聚会，甚至也不喜欢比较正式的活动，那么你要结识同类人，将会难上加难。你看过第二十二条军规（catch-22，在这里指自相矛盾、左右为难的困境）吗？如果你想结识同样内向的人，那么他很有可能喜欢独来独往。结局就是，我们还是坐在自己家中，望着天花板发呆，等着那张也许永远都不会发出的邀请函。

只能郁郁寡欢……当然你也有其他的选择。你可以花点心思，培养特殊的关系。在这个过程中也许你会遇到很多困难，因为对方的身影隐匿在茫茫人海之中。什么样的场合才让你有机会达成目的呢？就是那些外向者邀请了所有人来参加的聚会。

　　解铃还须系铃人。这个难题只能靠自己解决。所以我们要做的，就是稍稍打扮一番，出门碰碰运气。我们可以自己发起一场聚会，邀请不那么熟悉却有可能参与的朋友。读书会就是个不错的选择。（这种活动会慢慢衍生出更多的惊喜。）或者，真诚地邀请曾多次许诺要找个时间聚一聚的朋友，一起吃个饭，聊会儿天。自然而然的，你的许诺就会变成生活中的日常小聚。

　　说着容易，做起来难。首先，你要有动力去做这些事情；其次，你要精力充沛地应付可能出现的问题；再者，你必须克服自我意识。但最重要的，就是付诸行动。

　　这样的邀请，跟外向者的提议很不一样，因为它们更具私密性，也更容易亲近。知道这种聚会的人不多，主办人也不会在微信、微博等社交媒体上大肆宣传。这样一来，似乎有点让人心里直打鼓。小范围的聚会可能会让你觉得不安心，甚至会让你当众出丑。但是，就因为这潜在的风险，你连个机会都不给自己，从不在聚会露面，那又怎么可能在芸芸众生中尽早地遇见那个人呢？

　　内向的性格还会带来另一种困扰。那就是我们太过小心翼翼，总是躲在自己的舒适区里。"如果别人不单膝跪地，跟我表白，我是绝不会认为他对我有意思的。"劳拉补充道，"我走路的时候不会太过注意别人，哪怕是进入一个房间，我也只会关注里头的桌子，或者一同进来的伙伴。"

　　劳拉并不缺乏安全感。她是一名非常出色的媒体人，对自己的穿着打扮总是一丝不苟。但是当男人对她侧目时，她内心总觉得很不自在。当然，并不是所有人都被这个问题困扰，但是我们大部分的确总是像戴着滤光镜一样，太不关注周围的人。在第一次露面时，这种习惯可以避免让你感到不自在的因素，但是如果你永远不摘下眼镜，放下手中的书籍，然后好好看看周围，和他人打打招呼，你会错过多少精彩的瞬间呢？只要你稍微改变一下，开朗一点点，总会和他人擦出火花的。

　　有时候，内向的我们太过封闭，总是把话藏在心里，别人很难有机会真正了解我们，看到我们的闪光点。我并不是要你把自己的心掏出来给别人看，只是你应该还是希望这世上有人能和你相知、相识、相爱的吧。泰勒说："我觉得我脑子里的那个过滤器太沉重了。不管有什么东西在我脑袋里灵光一闪，都会转瞬即逝，我都不知道该不该说出口。我总是再三斟酌自己的话，但总以沉默告终。"

　　我完全能理解他的感受。我朋友都知道我爱掉链子，因为我总会突然说一些不着边际的话。而这的确会成为你和他人沟通的阻碍。如果你绞尽脑汁还没法让他理解你的意思，那么也许他并不适合你。可是如果你连开口的机会都不好好把握，那么你其实就关上了心门，既不给一丝让他能了解你的机会，也不想主动与他坦诚相待。

泰勒提到，尽管他曾主动追求过女神，"但那必须是我魂牵梦萦的对象"。他补充道："在这方面我太挑剔了，如果我觉得对方对我没有什么特别的意思，我绝不会主动跨出第一步。你知道的，被拒绝太尴尬了。"

我当然理解。事实就是如此。但是过多的自我保护并不明智。如果你害怕被拒绝，错失一个又一个的良机，那么你就像是给自己戴上了沉重的枷锁，放弃了选择的自由，不愿再为了心中所爱而采取行动。

我最爱读的一本励志书是阿兰·德波顿（Alain de Botton）的《哲学的慰藉》（*The Consolations of Philosophy*）。他在书中写道，也许我们总是苦恼于"要倾听所有人的话，总是因为他人的冷嘲热讽感到沮丧。我们经常忘记询问自己一个最重要的、最能安抚自己的问题：不管他人是吹毛求疵，愤愤不平还是愤世嫉俗，我们都诚诚恳恳地严肃对待，为什么他们还这样谴责我们呢"？

换句话说，你是不是太过在意那些并不重要的言论了？如果别人不了解你，拒绝你，那么这样的否定并不是你的原因。这只是因为对方觉得你不是他们期待的模样而已。

被拒绝当然是让人伤心，对每个人来说都是如此。但是我想强调关于否定的三个事实：

1. 这完全是主观的行为。他人拒绝你跟你本身并没有关系，是他们自己的原因。

2. 不经一事，不长一智。

3. 就算被拒绝，也不意味着世界末日呀！

虽然被拒绝并没有那么容易被消化掉，但慢慢地，你的内心会更加强大。随便问一个做销售的人，他们就会告诉你被拒绝之后，不自怨自艾、不深陷于绝望是取得优秀业绩的法宝。这其中的一个秘诀就是要学会想开点。有很多办法，比如对好友倾诉心中的苦恼，在自己喜欢并擅长的事情中释放心情，还可以和家人一起随处逛逛等等。爱你的人都会安慰你，因为在他们心中，你是上帝给他们最好的礼物。

这本书不会多谈缺乏安全感或者自信心的话题。你可以参考其他很多专业书籍去解决这些问题。如果我们不稍微做出些努力，内向的性格也会让我们的天空暗淡无光。其实，当发现自己真正的模样并不让人满意的时候，我们就会不停地对自己说："我们是内向的，仅此而已。"

## ♥ 是时候邂逅爱情了吗？

让另一个人成为你生活的一部分，你准备好了吗？

一个内向的 20 岁小伙子写信向我求助。他很想来一次爱的邂逅，谈一场浓情蜜意的恋爱。但是他每天要花很多时间和精力去维持自己的交友圈，于是问我怎样才能遇到理想的她。

他在信中写道："我希望能先成为朋友，再成为恋人。但是问题在于，一旦我交上了几个知心好友，就没有太多心思和精力去探寻爱情了。所以有时候我会觉得，我只能疏远几个朋友，为她腾出点地方。这种想法太糟糕了，因为，我实在是很喜欢我的朋友们！"

那么你呢？当你的朋友已经让你的生活很充实，你还怎么为亲密伴侣腾出空间呢？是不是也是非此即彼呢？我把这个问题抛给了我的那些内向朋友们，得到的反馈五花八门。有的说"我恰好也在担心这个问题"，有的则表示"我压根儿就不知道他是什么意思"。

"我觉得人总能安排好时间去做自己想做并且钟爱的事情，这只是一个孰轻孰重的问题而已。"46 岁的阿兰如是说，他是一名市场分析师。

"我是一个精力充沛的人，和朋友打交道不会让我感到疲惫，"拉梅尔说，"但有时候我也不喜欢和别人待在一起，不管是朋友啦，还是陌生人，甚至连自言自语也不乐意。当然了，这只是偶尔出现的情况，那时我肯定是在稍作休整，养精蓄锐。"

但是，约翰对此深有感触。"和现有的朋友们交流已经让我忙不过来了，更不用说还要拿额外的时间和精力去培养一段新的友情或者爱情。因为每一种感情都是以友情为基础的。在公司工作一天很辛苦，大家都很累，我更是如此，我真的没有心思去想其他的了。"

其实这个可怜小伙儿的想法并不出格。牛津大学 2014 年的一项研究显示，人们亲密好友的总数不会有很大变动，如果有新的朋友要加进来，我们只能抛弃一个已有的。研究人员将人们维持的那个总数称为"社会签名"（social signature)，虽然人与人之间的差别很大，但每个人的社会签名总是不变的。

那么我们的确要做出艰难的选择，有人要进来，就必须有人要出去。

事实就是如此：尽管人们总感性地认为友谊是永恒的，但

其实天下无不散之筵席。当然，你们还是会在圣诞节卡片和社
交网站上相互问候。还有一种朋友就是，就算没有经常见面，
但交情依然深厚。我们很早以前就认识了，到现在还是会分享
一些私密的事情。然而，每天都能打上招呼的朋友却来来去去，
彼此之间的感情受到很多因素的影响。比如，距离（尽管内心
不想承认，但对友情的影响不容忽视）和人生阶段（生了孩子
的和同样做了父母的玩得来，尤其当小孩还没长大的时候）。
如果你的朋友们单身多年，一旦结婚了，他们总有一天会离你
远去。不管你喜欢与否，生活就是这样。

　　所以，不要想太多。如果你恋爱了，必然会失去某段友情。
如果你的精力有限，在踏上寻爱之路前，你不得不抛弃一两个
朋友。因为去约会，去了解他人是一件很花心思的事情。朋友
和爱人之间的权衡，你只能自己做出决定。

　　如果你的好朋友真心为你着想，他们会支持你追求爱情，
甚至会热心地帮你张罗。真正的朋友会在你需要的时候出现，
安排好一切，不会因为你恋爱了便心生嫌隙。就算你没有那么
多时间陪他们，朋友依然还是朋友，他们还是会对你的约会对
象表示善意。（如果他们怀疑你的约会对象不怀好意，便会站
在你身后给予帮助。）运气好的话，你的朋友和恋人会相处得
很愉快，有时你们还可以一起出去玩乐。

　　朋友们会在某个夜晚，低调地拜访你，一起看场电影。这

样一来，你既可以得到放松，又进行了社交活动。如果你的朋友们只希望和你一起出去找乐子、聚会、泡吧、作秀，那么他们也许并不欣赏你的内向。这样的朋友还是真心朋友吗？

当然，事物都有两面性，这个问题也有积极的一面。

泰勒已经结婚 4 年半了，他说："能全心全意地对待一个朋友，对我来说再好不过了，那就是我的妻子。我认为随着时间的推移，我对爱情的付出会越来越不明显，因为她已经成为我生活的一部分。相应地，我在其他方面花的时间就会有所增加。"

说得太对了。在追寻爱情的时候，你不得不疏远一些朋友。但是只要你有心，最终会有一个皆大欢喜的结局。

## 没有人生来就注定孤独

有的人只是选择了独行的生活

杜鲁是一名年轻有为的律师。他经常和朋友们一起聚会，和女孩子约会，社交生活丰富多彩。但是他表示："我并不想和某个人朝朝暮暮，共度一生。我就喜欢独来独往。并不是说我工作日下班后就把自己封闭起来，不和任何人接触。只是，如果每天晚上我都在自己家里看到某个人，就算我们俩不聊天，互不干涉，我也不敢想象那样的生活。"

当然，也许你心里在嘀咕，杜鲁这个年轻人只是还没有遇见让他怦然心动、不顾一切的她。或者你还会觉得他冷冰冰的，只想着自己，甚至认为他肯定精神上有问题。

然而，不管你给他贴上怎样的标签，杜鲁的想法完全正常。而且，这世上有很多跟他一样有这种想法的人。

社会学家艾瑞克·克林南柏格（Eric Klinenberg）在《独

来独往：一个人的精彩》（*Going Solo: The Extraordinary Rise and Surprising Appeal of Living Alone*）一书中指出，在美国，有近百万 18~24 岁的年轻人独自生活。而年龄在 35~65 岁且独自生活的人群中，有很大一部分都是自己选择了这种独居生活。

值得一提的是，这些独行侠并不总是形单影只。51 岁的艾瑞克曾与前妻维持了 10 年的婚姻，但他现在下定决心要一个人生活。他的工作是培训人们使用大型机械，这样一来，他每天都会和人们进行大量沟通。"我很了解自己，我每天需要大量的独立时间和空间，所以婚姻并不适合我。"他继续说道，"过去的 5 年里，我一直和一名同样内向的女子保持亲密关系。她也跟我一样，一个人生活，而且对我们之间这种若即若离的状态很满意。"艾瑞克和女伴的家相隔大约 20 英里，两人差不多每周见一次面。他说："我到她家之后，就会化身为暖男。而当我出差时，她就会帮我照顾我的狗。每周六晚上是我们的浪漫之夜，周日我们就会带着狗出门遛遛。我们俩都是爱狗爱到骨子里的人。"

艾瑞克和女友的关系融洽，但并没有结婚。社会哲学家贝拉·迪波洛（Bella DePaulo）认为，现今社会一小部分人也选择了这两人的生活形式，他们"彼此独立生活"，或者"在两个家之间徘徊"。贝拉正在写一本描述当今美国不同生活方式的书。贝拉还指出："美国大约有 6% 到 7% 的成人选择了这

种方式。"有的人是迫于各种各样的压力，比如职业承诺，但
是大部分人都是心甘情愿。

贝拉还提道："我采访过的有些人最开始也和一般情侣那
样共筑爱巢，但不久之后就会感叹：'天呐！这完全不是我想
要的生活！'虽然双方都深爱着对方，但只是不能接受和另一
个人一起生活。就算两人选择分开居住，也不会彼此疏远，反
而是两人相爱的一种方式。"

尽管有的人选择独自生活，但并不排斥谈恋爱。但也有真
正的独行侠就是喜欢保持单身。贝拉在另一本书《单身贵族的
骄傲：世人为何拿有色眼镜看我？我单身，我幸福》（*Singled
Out: How Singles Are Stereotyped, Stigmatized, and Ignored,
and Still Manage to Live Happily Ever After*）里提到，有的人
"生来就爱独处"，相比和某人共度一生，选择单身反而会让
他们的日子更加幸福充实。如果你觉得自己刚好就是这样的人，
也不要太过忧心。贝拉提到了好的一面：单身就意味着孤独一
生，与世隔绝吗？这样的认知本就毫无根据。

在书中，贝拉指出："孤独并非建立在单身之上，婚姻其
实会让你变得越来越封闭。"相比之下，已婚的人与朋友、兄
弟姐妹和亲人之间的交流没有单身的人那么多。"有人在美国
对此进行了纵向研究，结果表明，人们一旦由单身转变为已婚，
就会切断很多自己与他人的联系，让自己边缘化。"

尽管贝拉是个向往爱情的女生，但她从未憧憬过婚姻。她说："我经常想，我绝不会走进婚姻那座围城。"现在，她更加坚定了这个想法。贝拉承认："我并不适合婚姻。我单身，我幸福。我会一直单身下去。"

这种观点的确有点标新立异，你也许一下子难以接受。但是坐下来好好想想，你就能理解她了。

贝拉说，了解自己是否生来就爱独处的最好办法，就是看你愿不愿意一直单身。单身的生活方式是积极向上的吗？你害怕这样的生活吗？你会因为自己单身而愤怒，或者回避这种倾向吗？

贝拉总结："单身也是解决问题的一种方式，这并不是回避爱情。单身是爱上自己一个人的状态，爱上独处的时光，爱上自给自足，爱上追求生命中更重要的事物。生活中有太多有意义的东西值得我们去追寻。对我而言，那不是爱情，不是去切断自己和他人的羁绊，而是侧耳倾听，拥抱一个人的精彩。"

所以，如果你觉得拥有伴侣的生活无法想象，那么你有没有想过一个人也能活得多姿多彩呢？诚然，这样的想法有点极端，与大多数人的认知相反。这就好像被社会主流逼着变得外向的内向者一样，内心会承受更大的压力。单身的人们也是有苦难言。但是在世界这个大舞台上，势必会有各种类型的角色。你内心深处，是否在寻找单身的认同感呢？单身是你的选择，这是无可厚非的。你可以细细审视自身，到底什么才是最重要的呢？退一万步来讲，这世上也没有哪个国家明文规定爱情和婚姻重于一切。

# 第二部分
PART TWO

❤ 爱在哪里？如何找到爱情？
*Where Is Love? And How?*

邂逅，约会，联系
*Meeting,Dating,Connecting*

## ♥ 大胆地去吧

把自己关在家里，如何收获爱情？

　　不久之前，我在博客上发起了一个调查，以了解内向者结识他人的情况。在给出反馈的访客当中，超过 **44%** 的人勾选了这个选项："你戳到我的痛点了，我不知道怎样结识陌生人。"

　　"与陌生人见面本就不是件容易的事，更别说第一次和潜在对象约会了。"35 岁的图书馆学学生乔伊如是说。

　　的确如此。而且原因数不胜数。

　　首先，内向者一般不会为了打破沉默而先开口，因为我们内心对乏味的寒暄感到很腻烦。

　　泰勒说："对我来说，和大部分人聊天是很痛苦的。因为很明显，对方根本没有在认真听我讲什么，他们只会敷衍几句，等着我说完而已。我不怎么开口是有原因的，我觉得很多时候没有这个必要。"

其次，我们倾听他人的这个本性太过于根深蒂固，即使觉得交谈起来无聊透顶，对方还滔滔不绝，我们依然会耐着性子听下去，却不知如何让自己从这种困境中解脱出来。我就曾因此苦不堪言。本是一次很普通的聊天，对方却自顾自地喋喋不休。我在一旁干巴巴地盯着，发现他丝毫不感到疲惫。仿佛过了半个世纪那么久，我看着时钟滴滴答答走了无数圈，他还在那儿口若悬河地直抒己见。自那以后，不管在什么时候，什么地方，我绝不轻易参与任何闲谈。

当我们不想去参加聚会时，多半会推掉他人的邀请。这样一来，我们的社交圈里几乎不会出现什么新面孔。作为内向性格的人，我们爱憎分明，对于喜欢的人，哪怕一起逛遍整个城市也觉得其乐无穷。而有时候，对待陌生人就没有这样的耐性了。如果你没能与某个朋友擦出爱情的火花，或者在人海中寻寻觅觅很久，到头来依然孤身一人，那么很可惜：不变的社交生活给不了你的爱情任何的帮助。

就算我们鼓起勇气，走进熙熙攘攘的人群，我们也实在太慢热了。也许你会在聚会时碰上个很有趣的人儿，但不多花点时间相互了解的话，你们俩的关系也不会有什么进展。

所以呢，寻找可能的恋人的最好方法就是积极参加各种聚会，即使很多时候让你感到应接不暇。大胆地去吧！不管是朋友的生日晚宴，还是有意义的募捐活动，如果你心里没底，那就拉上一个外向的朋友给你打气。若是最喜爱的作家在你的家乡举办一场签售会，就赶快带上一本书去排队，因为你和周围的人会有更多共同话题。只要在那个场合你能遇上跟你有任何交集的人，千万不要犹豫，大胆地去吧！

在我采访过的内向者中，不止一人表示，他们就是在参加聚会时遇见了生命中的另一半。61 岁的加里是一名牧师，他就给了自己这个机会。一天晚上，他朋友喊他一起庆祝退税，就是那次，加里收获了爱情。他回忆道："我对她一见钟情。她当时就和我的一个朋友站在我家门口。"加里的妻子，也是一位不折不扣的内向者，也大胆地走出了自己的洞穴。还犹豫什么呢？去聚会上露个面吧，至少待上一个小时。如果依然没有收获，那就离开好了。人总在失望和挫折中成长起来，不是吗？

当然了，如果某个聚会让你局促不安，那么你也没有必要去找罪受。我就曾在一些大型聚会上中途离开，因为我几乎没几个认识的人。我在社交场合中会不会得心应手，完全要看当时有多少人在场，我能不能和他人有所交集。在一大群人中搜寻与自己有共同点的人，那真不是件轻松的事情。如果在场的人都是我了解的朋友，那就自在多了。（额，最近我就头脑一热，参加了一个聚会，每每想起那一次，我内心都不禁会抖一抖。人有失足，马有失蹄嘛！）

有一种场合你不用害怕，那就是当有好朋友在场的时候。

他们很了解你，把你介绍给新朋友时会有所考虑，这样就避免了很多盲目的错误。

德鲁说："我经历过的最美妙的一次约会就是由我朋友安排的相亲。当时我对那个女孩一无所知。我朋友劳拉跟我提了一下：'哥们儿，我有个朋友很不错，你应该认识认识。'然后她就把我们俩约到了一家餐厅。"（劳拉一定是觉得双方比较合适才做了安排，所以只是给两人牵线搭桥。过程自然是很顺利。）

通常在相亲之后，德鲁都没什么收获。他说："我喜欢和完全陌生的人见面，我不知道对方的喜好，不清楚两人能否相处愉快。这就好比看一场没看过预告片的电影。也许我会爱上它，也许不会。尽管如此，也只是一个半小时的相处而已。如果实在是觉得很尴尬，我还是有离开的权利。"（当然，德鲁会先吃完饭，付完单再离开。）

这样的相亲听起来还是有点吓人。但是，就算失败了，你又有什么损失呢？你出了门，见了个新面孔，不管聊得开不开心，能不能找到心跳的感觉，生活还是会继续下去。运气好的话，你说不定就找到了另一半。退一万步来讲，你也只是花了点时间（和金钱）与人吃了个饭。给自己一个机会，有何不可？

国家彩票曾经有个广告："不下注，永远赢不走奖金。"真是至理名言，约会就是这样。如果你总在同一个地方徘徊，你就放弃了遇见他的机会。所以，当任何一个可能成功的机会出现时，大胆地接受吧！去看看，去发现，一切可能都正等待着你去揭晓。不去，怎么会得到答案呢？

♥ **乐由心生**

平易近人也是一门艺术

　　有人曾经说过："人生的 **80%** 都是在人前度过的。"接下来的这几章，我们将着重讨论你应该何时何地露面，给自己更多机会，去遇见命中注定的另一半。

　　前文已经提过，如果你的自我保护太过于强烈，内向的性格总是不肯退让的话，哪怕你生活中再不乏玉树临风、令人着迷的人，别人永远都不会看到你的闪光点，也不会了解你的内心。所以，你要学会平易近人地和他人相处，在某些场合露面是必不可少的。

　　我能理解，大部分内向者并不想总是显得随和，易于亲近。有时候，你甚至只想一个人待会儿，这没有任何问题。在这个时候，我们会有意识地给他人"请勿打扰"的信号。无声地离开，沉浸在某本书里或者电话里，不和他人进行眼神交流，双手抱在胸前，跷起二郎腿等等。一般情况下，周围的人都能接收到你的信号，当然，也不排除有些人可能会对你不离不弃。可能他是个好人，无法阻挡你的魅力，但也可能是个没有私人界限概念的讨厌鬼。

内向者很擅长划定私人界限。但是如果你不能很好地把握这个度，在必要的时候做出调整，就会适得其反。有时候，即使你保持缄默，你的肢体语言也能表达很多意思。相信在很多场合，你都希望自己举止得当，向周围的人传达出你很自信，想与他们结交的信号。总之，万事开头难。一开始也许会觉得别扭，但若是能得心应手地运用肢体语言，你将受益匪浅。

在我看来，要让他人觉得你平易近人，你首先要多这么想想。我们的大脑和肢体是一体的，时时刻刻都在相互反馈信息，广播电台和电视节目主持人就深谙此道。他们讲话时总是面带微笑，这样听者就能在你的讲述中感受到笑意。同样地，如果你参加聚会时心里想着"亲切"，那么你的肢体语言不经意间也会变得更加随和。

艾米·卡迪（Amy Guddy）是一名社会学家，研究非话语性交流对个人能力的影响。她发现，人可以"利用心理暗示"进行非话语性的沟通。在某个场合，不管你内心是什么感受，如果你抬头挺胸，自信地和人相处，而不是缩在一角，别人就会自然地认为你是个自信、自立的人，而且你自己也会这么认为。

卡迪的研究发现，积极有感染力的肢体语言（譬如电视里的神奇女侠那样把手放在臀部）会增加睾丸素（testosterone，力量激素），并且减少皮质醇（cortisol，压力激素）的分泌。她提出了一个建议：如果你要在一个公共场合露面，并因为觉得别人会对你评头论足而倍感压力（比如宴请、社交活动、第一次课等），你可以先找到一个隔离的空间（比如盥洗室），伸开双臂，向上举起，就像海星那样，站立两分钟。乍一听觉得这种行为有点不寻常，但是这能使你产生心理上的变化，让你在稍后的交流中更加自信，有朝气。

信心满满、跃跃欲试的你，会想要尝试一些新的东西，脸上不会再出现"请勿靠近"的表情，并以优雅或大方的姿态融入外界。勇敢地面对聚会，合上书本，挂断电话，改变肢体语言。深吸一口气，放松一下肌肉，不要看起来那么呆板生硬。（我个人就喜欢倚靠着站立，墙壁、吧台、桌子等，这让我感觉更加自在。）你要学会控制自己的小紧张，比如抖脚，磨搓手指等。大大方方地抬起头来，兴趣盎然地环顾四周。如果刚好和某人的眼神交汇，抿嘴微微一笑，不必刻意表示友好而夸张地露出八颗牙齿。恰到好处地动动嘴唇，友善地回应一下就行了。

有一点值得注意，在微笑的时候，你要和对方有眼神交流，要让人感受到你的真挚和友善。卡迪建议你心里最好想一想让你开心的事情，不管你认为对陌生人微笑有多么不可思议。

如果有人找你搭讪，无论你们有没有可能发展出一段恋情，你都应乐于接受。第一，这说明你平易近人的信号已经传达了出去；第二，你也希望他人能够看到你确实是个平易近人的人；第三，这是基本的社交礼仪。

在倾听方面，内向者不需要太多的帮助，我们生来就有一双善于倾听的耳朵。但是有的人可能不愿意和对方有眼神沟通。如何把握这个度呢？毫无疑问，眼神沟通也是一种非常重要的肢体语言，以表示你对谈话感兴趣，对自己很有信心，也能让对方积极地做出回应。如果你总是羞答答地不敢看对方，那就要好好练习一番了。职业规划师卡拉·罗琳（Kara Ronin）写了一篇文章，题为"你不被关注，而她备受瞩目的四个原因"(*4 Reasons Why You Don't Get Noticed at Networking Events and She Does*)。文章建议，如果说话时看着对方对你来说太困难，那么你可以在别人讲话时看着对方的眼睛。

若你想结束一段谈话，可以看向别处，对方应该能读懂你的意思。

很多时候，肢体动作传达的意思比说出的话语更有力量。如果你不善言谈，那么就要好好利用它了。若想得心应手地和他人进行无声交流，你得先懂得如何使用肢体语言。

♥
## 人海茫茫
### 珍惜与人沟通的每一个机会


　　只要你不是孑然独立的隐士（若真如此，请读一读网上约会的章节），你的日常生活中应该到处都是寻找恋人的机会。若想好好珍惜每个契机，你必须先跨出那一步，而不是沉浸在自己的世界里，对着逝去的机会扼腕叹息。收获爱情并不总是运气使然，更多的还是在于你会不会留心生活的细节。

　　和一个人打上交道并不是什么离散事件，它不会仅仅发生在我们决定出门去遇见什么人之后。每天都会有形形色色的人在你生活中来来往往（数量的话，主要看你过着怎样的生活）。如果你怀持着一颗开放的心，和人交友的机会无处不在。前文已经提过，对于内向者而言，我们习惯了释放"生人勿近"的讯息，因此交友并不是件容易的事。但是，我们要学会抓住机会，培养人际交往的能力。请注意，我用了"能力"一词。换句话说，内向者并不需要一直放低高冷的姿态，我们只是需要学会掌控而已。当周围的环境或者自身的情绪状态很好的时候，要立刻放开自己，把握机会。

大学校园是一个天堂。在这里，总有一大群年龄相仿的伙伴一起谱写青春。因此在这里收获爱情和婚姻也就不足为奇了。有人把大学校园比喻成猎寻配偶的福地，这让人难以反驳（尤其当你在和人谈起女人的时候）。各色各样的学生，聚会无穷无尽，机会无处不在。大学校园独有的魅力，就在于它能激发你所有的荷尔蒙。

然而，毕业之后，交友突然变成了一件让人费解的事。当然了，工作中你也要和人打交道。对方要么是年龄相差太大，要么是已经结婚了。不仅如此，对于办公室恋情或与客户恋爱，我们都必须小心翼翼（特别是要处理分手后的尴尬）。尽管如此，但只要工作中擦亮你的双眼，又有何不可呢？

我采访过的很多内向者表示，他们和另一半缘分的开始都是通过朋友，或是在教堂和工作中（深思熟虑的结果）。

42 岁的贝丝说："我们共事过一阵子，逐渐了解对方，日久生情。"内向的贝丝嫁给了同样内向的丈夫，此外她还是一名专业教练，主要客户是内向的企业家。她说："这种事情要循序渐进，潜移默化。"她承认，和丈夫交往时，还会和其他男人约会。可是她这位丈夫还是会一如既往地在下班后送她回家。贝丝回忆道："散步是一个很好的沟通机会，我们可以谈论一些敏感的话题。仔细一想，我们俩居然讨论了那么多重要的事情，而且并不期望和对方有默契的眼神交流。"

后来，她丈夫给了她一盒自制的音乐合集磁带。她说："这是个暗号，有时候他自己觉得话题太过沉重时就会用到这个。"（噢，是的，这是内向者发出的求爱信号。我也这么做过，也收到过很多他人的暗号。）两人现在已经在婚姻这条路上相伴走过了 16 年。

诚然，你确实要小心处理办公室恋情（关于这件事，人力资源部门会告诉你各种各样的公司条例），但是，这并不意味着你不能跨越雷池一步。也许，他跟你不在同一个公司，但每个早上会和你同乘一部电梯。或者，他跟你不在同一个部门（比如你在艺术部，他在会计部），这样一来，就算两人没能走到一起，也不会抬头不见低头见。还有一种情况是，你跳槽了，临走之前对你暗恋许久的同事抛个媚眼……

另一个增加结交机会的做法，就是常去一些他人知道你名字的场合。安妮是一位 50 岁的全职母亲，婚前经常去一家当地的基督教书店。后来，店主想撮合她与另一名同样内向的先生，安妮答应了。"店主分别向我们俩介绍了彼此的一些情况。对方是名基督徒，然后她觉得我俩可以试试。"

两人现在已经结婚 21 年了。

你会不会经常去一家店呢？店主每天都要接待很多顾客，跟他搞好关系有何不可？（在此提个建议，去逛逛小一点的独立商店，避开客流量很大的商场。）

艾瑞克就是这么做的。如果晚上加班，他就会去一家不起眼的酒吧坐坐，"喝上一两杯"。在这家酒吧里，他几乎没遇到过年龄相仿的人（大多数都是年轻人）。于是某天晚上，当艾瑞克注意到一位和他差不多大的女士时，他就过去搭讪了。他说："当我动力十足时，我会变得很健谈，很擅长和人闲聊。"现在这两位已经相恋 5 个年头了。

你每天会不会在同一时刻去同一地点买咖啡呢？别人也会有这样的习惯。那么你是来去匆匆，还是悠闲地逛逛呢？（稍后我们会讨论在这样的公众场合如何与人结交。）

那么，吃饭呢？很多人表示一个人用餐多少会有点难受，但是在餐厅吧台上一个人吃饭，就会自在很多，而且常常会欢声笑语一片。如果你常去同一家店，而这家店不仅仅是酒吧的话，你肯定会遇上某些人——当然不全是酒鬼。你会遇上很多跟你一样不喜欢烹饪的食客。

你的社交圈子就是你交际的核心，你永远不会知道经常见面的人会带上怎样的同伴。我和我先生处在同一个圈子里——我们因为认识同一个朋友而在一次烧烤聚会中相遇。实际上，在此之前，我还去他家参加过一个盛大而嘈杂的派对，但根本就没和他碰面。之后，我发现，我总是在平时常去的各种场合与他相遇。某个画廊的开幕式，保龄球聚会，另一个画廊的开幕式……最后，我在一次聚会上看见一位女士对他频频示爱。那一刻，我就下定了决心，要么直截了当地跟他表白，要么就只能看着机会一晃而过。当时我很坦率，直接问他要不要我的电话号码，还在停车场与他拥吻。不久之后他就主动联系我了。我们一起看电影，一起逛街。再后来呢，我们结婚了，一起相伴走过了 25 个春秋。

只有打开心门，敢于冒险，主动出击，你才能看到人海茫茫里非你莫属的那些机会。而且，世界那么大，去某些场合参加活动，增加些结识他人的概率，并无坏处。不管你是去发现还是创建自己的一间咖啡屋，或是在某些场合露个面，结交同类人，总归是多多益善。

## ♥ 聚 会

### 不管喜不喜欢，机会无处不在

又是聚会。哎，大家都说很有意思，可是真的是那样吗？有谁能打包票吗？

嗯，那个，有时候是的。在某些特定的前提下，对有的人来说很有意思。

很多内向者表示，他们对聚会没什么兴趣，我深有同感。但是在我看来，还是有一些聚会能够给我带来欢乐——规模不大不小，大部分的人我都认识。在这样的聚会上，我总是玩得很开心。而对于那些声势浩大的聚会，我会避而远之，因为那让我倍感压力。如果不是一直告诉自己，我曾在这样的聚会上结识了一群新朋友，除此之外我根本没办法想到从中能有什么收获。

然而实际上，聚会给了你和一群人结交的机会，主人会对受邀客人进行一番筛选。（任何人都可以参加的兄弟派对不在此列。）如果你挺欣赏聚会的主办者，那么很有可能你也会喜欢上他邀请过来的客人。

在聚会上举止得体，甚至如鱼得水的关键在于，你要用自己的方式和他人相处。换句话说，你不能因为自己没法外向开朗地融入聚会，就觉得自己是个失败者。你要对自己的内向有一个正确的理解，要能对此泰然处之。这样一来，你就不会因为强装外向而借口不断。你应该认为自己是一个完美的内向者。退一万步讲，在我看来，作为受邀者，我们只要玩得开心就行了。如果你觉得坐在角落，看一群人狂欢也是一件有意思的事，那么别人的说法也就无关紧要了，你可以置之不理。在聚会上，你可以随心所欲地展现自己真实的一面。

所以呢，下次收到聚会邀请的时候，点头答应吧！去看看还有谁也在那里。

想结识外向的伙伴？你一眼就能认出他们。每次他们的出现都能吸引大家的目光。他们像跳着舞蹈一样进入房间，微笑着环顾四周；他们不会安于坐在某个角落，总是要么正向陌生人介绍自己，要么就正把朋友介绍给另一个朋友；他们妙语连珠，时不时让大家笑得合不拢嘴；他们一直活跃在舞池里，目光不会一直停留在一个点上，而是会一边观察大伙儿正在做什么，一边寻找下一个聊天对象、舞伴或者新朋友。

回过头来，内向者则安安静静地坐在昏暗的角落里，远离聚光灯，看起来毫不起眼。他们有的坐在食物旁边，守株待兔；有的一言不发地站在一旁，听一群人谈天说地；有的则在厨房里打打下手，忙进忙出。如果你进门时，主人没有给你端上一杯饮料，那么为你送上一杯酒的那个人，很有可能也是一名典型的内向者。如果你仔细观察，就会发现内向的人钟情于研究主人家的书柜或者壁画，有的会跟小狗小猫聊聊天，有的则干脆躲在卫生间里。（一定不要刻意跟着他们，不然太无礼了。但是，你若发现聚会上某个人频繁地进出洗手间，那么他要么是个酒桶，要么就是内向者。）

内向的人喜欢找个舒服的地方坐着，观察周围；或者正和一位同样内向的朋友偶尔聊上两句。你知道那种感受吗？就好像在看一幅特殊的画。当你望过去，看到的是弗洛伊德的脸，结果换个角度再看，却发现那居然是名画里头的一位出浴美女？内向者给人的感觉就是这样。当然，跟那位画中的美女没关系。如果你有意识地追寻内向者的身影，就会发现他们无处不在。

这样一来，你就能发现某个看起来挺有意思的人……那然后呢？

若对方属于外向类型，你也没必要大喊一声引起他的注意。他本就乐于与人交往，你只用走到他面前，看看两人会擦出什么样的火花就好了。

若对方是内向者，就另当别论了。如果你跟我一样，十分考虑内向者的感受，不愿意去打扰他人的安静空间，就更要小心翼翼了。一位内向读者在一个博客里留言："当我参加聚会时，如果看到某个人静静地坐在角落里，我可不会上前说'想去外边读一读《魔域仙踪》（*The Neverending Story*）吗'？我觉得，当别人好好地在做自己的事情时，我不能就这么过去搭讪。换作是我，如果我在沙发上休息，听着音乐，我就不想受到打扰。"

恕我不能赞同。他们一旦来了，就是乐意与人交往的，你完全不用顾虑那么多。哪怕是正窝在沙发里的那位，也可以成为你的交友目标。我只能说，即使内向的人们在聚会上并不显得那么热情，但他们内心是渴望与他人沟通的，只不过表现得太过于安静温和了。我觉得，在聚会中的我就好比一块海绵，无论谁偶尔"漂"过来跟我聊天，我都会"吸进"他们跟我说的话。也许你主动和人打招呼会讪讪而归，但退一万步来讲，绝不存在某条规矩，不准你和感兴趣的人聊天。

不要觉得自己太直接，把所有瞻前顾后都抛到脑后吧。对于内向者来说，什么事情都会显得爱出风头，就算我们跟人说声"你好"，都怕自己打扰到了对方。很多时候，聚会上最积极的那个内向者，都远不及最低调的外向者那般活跃。尽量引人注目些吧，最坏的结果也就是给人留下友善的印象而已。也是好事一桩。

　　所以呢，把你的内向感知雷达调低几个敏感度吧。对于周围的人，很多内向者相当熟悉他们的小规矩。这有时候会带来很多好处，但有时候也会让我们束手束脚。我们的感知雷达并不是万无一失的，有时候会把对方的矛盾或者焦虑理解为拒绝。还记得吗，对方若是因不了解你，而拒绝了你，那也跟你自己没关系。不要胡思乱想，顾虑太多。只有尝试过了，才知道结果会是怎样。

　　当然，你也要有另一手准备，在恰当的时候合适地结束聊天。在聚会上，如果你和对方聊得并不开心，那么善于倾听的优点会让你愁苦不已。去洗手间是个很不错的借口，或者去给饮料续杯，就算对方跟着你，你也可能会遇上其他人，可以很自然地把话题引开。有时候跟远处的朋友打招呼也是个明智的选择。（和朋友一起到派对上玩过吗？你们俩可以预先设定好一个"救救我"的信号。）再或者，你可以直截了当地说："嗯，我要跟另一个朋友打个招呼了。"然后优雅地走开。在聚会上，你本就应该和不同的人接触。

　　在很多内向者看来，聚会绝不是一件多么有吸引力的事，我完全能理解这点。但是，倘若你在寻觅爱情，那么聚会就是美丽邂逅的圣地。如果你觉得聚会真的没有什么乐趣，那么多想想聚会给你带来的那些机遇。就算你并不期待丘比特之箭，至少也要保持开放的心态，过去看看。在聚会上多走动走动，你可以让你外向的朋友陪着（即使你还是经常一个人，因为朋友时不时会离开去找乐子），不要总是一个人。试试就知道了。

　　如果在聚会上没能找到心仪之人，那也没有什么大不了的。你并没有错，不是一个失败者，也并没有在某个方面做得不好。其实，你在聚会上总会有所收获，有时多，有时少罢了。如果你在聚会上已经尽力了，但还是扫兴而归，就好好鼓励自己，拍拍心口，放心离去吧。无须带一丝焦虑，后悔，或者羞愧。总而言之，让自己愿意参加聚会的第一步，就是当自己觉得差不多了的时候，心满意足地离开。

## 尝试越多，机会越大

### 群体活动的潜力

对于不甘独处的人来说，最好的办法就是融入群体当中。

虽然有时候觉得有其他人的参与，会让某些事情变得更有意思，但我也跟你一样，并不是一个热衷于融入群体的人，而且我也不能准确地讲出原因。不过，如果你想结识跟你志趣相投的人，那么融入一个圈子是再明显不过的选择了。有一点你必须牢记：只有当你以一种开放的心态，乐于与他人沟通的时候，这些群体活动才会给你带来惊喜（在平易近人那一章也提到了这一点）。总之，不要担心环顾四周有什么不妥，不要一个人捧着书或者煲电话粥，不要坐在角落里一动不动地等着散会。要能够大方地笑对每个人，积极地与周围的人互动。

不管怎样，多和周围的人聊一聊。如果话题刚好让你兴趣盎然，你就不会觉得话不投机半句多了。因为在一开始，彼此的共同爱好就拉进了相互间的关系，你可以多说说两个人都感兴趣的事，或是找那些对话题感兴趣的人聊天。如果有人主动找你，也要乐于沟通。慢慢地，就会有人被你们的谈话吸引过来，你与他人聊天这种行为能向周围发出"我乐于结识朋友"的信号。

正如人们所说的"人以群分"，基于共同爱好建立起来的团体能带来很多福利。首先，你们有共同话题，在这个团体中，你总能找到有共同语言的人。再者，这类团体的会议总有个主题，你不用担心又闲扯了一整天。如果你从未参加过某个活动，没有在这个团体中建立人际关系，那么有个议程会让你觉得自在许多，起码能预先准备好各自的发言。

若你太过害羞，第一次参加这样的聚会，可以邀请一位朋友陪你出席。哪怕你的朋友也同样内向，这对你也会有所帮助。只要你们俩不是双双躲在角落，那么两人之间的谈话随时都可以发展成三人或者更多人一起的交流。

你的生活方式、兴趣爱好和特殊经历，都能成为谈资。好好利用，去寻找适合自己的群体。

**寻找志同道合的人**　有一个很好的办法，那就是加入一个和你的研究领域相关的专业组织。30 岁的布雷特是一名公共关系专家，他就是在一个刚成立不久的职业团体中遇到了自己的灵魂伴侣。他说："我们俩都对社区服务这方面很感兴趣，然后就擦出了火花。"这类专业组织的会议一般都有特定的主题或者议程。更好的一点是，你可以在贴吧或者论坛里交流观点。在面对面沟通之前，双方就能通过网络逐渐了解对方。这有点像网上约会，不过氛围要轻松许多。在读者评论区，我交到了很多知心朋友，也看到很多人因为这样的平台而相知相识。他们的爱情种子在网络上生根发芽，又在一次次会议上逐渐成长为葱葱绿树，最后终于开出了婚姻之花。真是羡煞旁人。

**回首过往**　我的一些高中同学就在网络论坛上走到了一起。有意思的是，他们在读书期间就已经相互认识，但并没有发展成情侣关系。当然了，对很多人来说，高中可能是一段不堪回首的往事，对内向者来说尤为如此。也许你都不知道自己为什么会和过去的朋友扯上关系。但是，我想对你说："重新考虑考虑。两人若在过往有交集，这很有可能给你带来惊喜。"你毕业越久，就会发现对方变化越大。如果以前的班级在脸书（Facebook）上建立了共享平台，你也可以多去那儿看看。你并不需要做什么，但又能了解老同学的动向。你唯一不能确定的，就是现在的他们，他们是比当年 16 岁的青涩少年更加引人注目了，还是只是没那么令人讨厌罢了。

**找出你的乐趣所在**　另一个好方法，就是加入那些给你带来无穷乐趣的团体。这样一来，你首先享受到的是活动的乐趣，其次才会想到要结识他人。社区管弦乐队，花艺作坊，绘画工作室，小型企业会计培训，某个深奥的文学读书会……无论什么，只要你感兴趣，就积极参加他们的活动。与在场所有人的目的就是和陌生人聊天的活动不同，当所有人都专心致志做自己手头上的事情时，搭讪就不显得那么突兀而刻意。（社交场合＝勾搭我吧！）内向的梅丽莎就在一个叫作"阿姆特噶德"（Amtgard）的读书会上邂逅了一段爱情。这个读书会是"关于中世纪战斗娱乐的社会俱乐部"，专门探讨一些奇特但不流行的娱乐方式。

对于内向者来说，读书会听起来是个不错的去处。但是如果你想寻求一位男性伴侣，那恐怕要失望了。因为这类活动吸引的多半是女性和夫妻。倘若你在寻觅那个她，那么就想尽一切办法加入一个读书会吧。这类团体一般会和某些俱乐部合作，提供会所让成员之间相互交流。

**寻找网络团体**　浏览 Meetup.com 也是一个找到组织的好办法。你可以在网页上寻找一些标明了特定兴趣的聚会，或是与你研究领域相关的单身团体。罗伯特离婚后就经常登录这个网站。他说："在这几年中，我就是通过这样的方式成功地和一些女性约会，然后进一步互相了解，要么发展成恋人，要么也成了很好的朋友。"现在他偶尔还去一些聚会上看看。他说："其实我挺喜欢玩玩小游戏的。"

**多多锻炼**　周末，当人们总是懒洋洋地磨蹭个不停的时候，健身房是个很棒的去处。和一群人一起锻炼，一起流汗，一起喘气，大家都筋疲力尽，肌肉酸痛，对健身教练羡慕不已，所有的活动都能激发一段对话。训练营男女皆宜，瑜伽就不一样，尽管在大型瑜伽课上的一群妹子当中，也能零星地找出一些男性。如果有什么想法，团体运动很容易让你打开话匣子，或者你就好好享受运动吧。如果你偶尔露一手，别人就会主动来找你聊天。

**回归大自然** 所有人都或多或少地喜欢户外运动。鸟类爱好者总是扎堆观察各种鸟类，并乐此不疲；跑步的人或是骑行者也喜欢一起运动。伊丽莎白加入了一个远足俱乐部。因为她的女友并不喜欢这项运动，而这个俱乐部给她带来了很多乐趣。一些探险项目，尤其是要求专业向导的旅程（例如激流勇进或长距离骑行），总能吸引各种各样的人参加，而且这些经历本身就能拉近与他人之间的距离。实际上，有研究表明，人的吸引力和肾上腺素之间存在某种关联——肾上腺素分泌增多，其吸引力会相应增强。所以，如果你一直梦想能在大峡谷漂流而下，你可以等上好几年，待获得批准后亲自尝试一番（如果你有相关技能的话），或者找一位口碑很棒的户外教练，和同样有冒险精神的人一起体验刺激。旅程中所有的惊险刺激都绝对会让你和另一半的感情更上一层楼。

**踏上旅程** 总的来说，旅行会让你在路上遇见各种各样有意思的人。随团旅行可能会让内向者有点难受。你既想确保自己能够扛得住同行者的压力，跟着大部队，又要安抚那颗想独处的心。（尽管单独住一间房开销更大，但好处多多。我在跟团旅行时，总会把闹钟设定早一两个小时，以争取自己独处的时间。有时我还会奢侈地订购房间送餐服务，不想和一大群人抢吃的。）

就算你没有跟团走，只是和一个内向朋友结伴旅行，在路途中也会有很多相遇。有的可能会给你带来麻烦，但有的却能给你惊喜。

其实一个人的旅行中，邂逅的机会最多。因为你没有必要关注同行的伴侣，这样你就有更多的精力以一种更开放的态度去结交陌生人。参加城市万里行，或者在讲解员的带领下参观博物馆，这些随意而舒适的活动都能为你提供和陌生人沟通的机会，时间也就一两个小时。就算什么都没发生，你也有所收获，不是吗？

艾飞克，一名24岁的医学专业学生，暂时单身。他不久之前在埃及看望了一位堂兄，就经历了这种在独行中结交朋友的事情。当时他正在旅店里，抱着笔记本在走廊闲逛。他回忆道："突然之间，我有种和人聊天的冲动，至少在别人跟我打招呼时，我都努力聊上几句。也许一个人的旅行也是件好事！就算我性格内向，我又不是不能和人沟通，对吧？"对极了！我也这么认为！

# ♥ 足不出户，也能寻获爱情
## 网恋的魅力

好吧，我承认我之前撒了个谎：一个人要是不出门，就只能孤老终生。好吧，实际上守着自己的城堡，也能遇见命中注定的王子或公主。

道格说："网络是内向者最亲密的朋友。"他和妻子的交集，就始于一段网恋。

德鲁也热衷于在网上与人谈情说爱。他说："在查看邮箱的时候，我总是心情澎湃。"

听他们这么一说，网恋似乎魅力无穷。

尽管在我和我先生恋爱的那个年代，网络还未普及，但随着时光的流逝，网恋成就了一对又一对的夫妻。我自己也通过网络结交了许多朋友：我们经常在网上聊天，彼此了解得越来越深，然后某天约好在现实中聚一聚。虽然素未谋面，但第一次相约时，双方就已经是朋友了。就跟网恋一样，我们彼此之间更多的是柏拉图式的精神交流。

在认识妻子之前，道格曾在多个相亲网站注册，在网上和一些女性聊过天。你来我往几次后，他就能看出两人有没有可能发展成恋人。（作为一名绅士，他会委婉地表示彼此并不是天造地设的一对。）总之，这么多年来，道格成功地和相当多的女性在网上约过会。对道格来说，在网上自我介绍让他初次约会时自在多了。他说："在我眼里，初次见面时的自我介绍简直像噩梦一般难受。但是网恋就不一样了，我们通过文字沟通，有时间去整理自己的思路，然后打在屏幕上。网恋可没有面对面约会那样令人望而生畏。"

尽管有的人很看好网恋，但也有怀疑的声音。克里斯说："在我看来，网恋中的山盟海誓，就好比已不在位的非洲王子给你的承诺。你根本不知道那一头的人是什么样子。更别提和对方成为亲密恋人了。"43岁的迈克是一位技术公司的商务助理，他表示虽然网恋时的网上沟通很棒，但他并不觉得到了要和对方打电话或者面对面的沟通时，就不会感到心慌。

泰勒也尝试过网恋，但他总会有所保留。他说："当我对着一些女孩的照片，想着该发个怎样的信息过去引起对方注意时，我心里就会觉得自己挺可怜的，我特别不喜欢这种感觉。"

我能理解这种感受，但为何不换个角度想呢？在网上主动联系对方，是一种积极主动的做法，能展现你交友的决心，并不会让你显得很饥渴。

有一点我十分肯定：女性和男性在网恋时的经历截然不同（一方面，是因为女性更有可能收到一些相当不得体甚至可怕的信息——梅丽莎就因此表示绝对不会发展网恋。）丽贝卡处理网恋的方式就十分理智，绝不是迫不及待。她眼光敏锐，对网恋对象要求很高。

她说："由于最初的私下沟通并不是通过面对面的方式，而是借助邮件，所以我可以经过深思熟虑过后再决定要不要见面。我的择友标准最重要的一条就是聪明睿智，风趣幽默。从对方发给我的消息中，我就可以判断出他们是否符合我的要求。他们打字的时候会不会有错别字？逻辑清不清楚？是不是诙谐机智？有没有认真看我的回复？"

她还说："这种做法听起来挺不热情的，也许我就是这么一个人。我做事喜欢有条不紊，习惯于获得掌控权，保证自己不受伤害。决定和某个人见面并不是新的开始，而是我对他试探的结束。"

道格和妻子见面之前，两人在网上的沟通更是走一步看三步。在发出第一封邮件之后，道格在家里苦苦等待了48个小时，才盼来了妻子的回复。（他说："一想到她没有像我这样急切地坐在电脑前查看邮箱，我几乎要崩溃了。"）在两人交流之初，他妻子先在谷歌上查找了他的信息（咱们都会这么做的吧？），找到了他的博客。道格补充："后来她马上跟我说到了这件事。"因为妻子当时也在写博客，两人互换了博客链接，各自做了一些小调查。道格总结说："这种做法让我们在面对面交流时亲切自然，不会绞尽脑汁地去刺探对方的信息。"

他们的故事证明了我的另一个观点：网上聊天并不需要以注册交友网站账号为前提。如今，各色各样的网络社交平台给了我们很多机会，你可以在网络上参加各种活动。你可以在朋友圈耍宝卖萌，在图片共享应用上盯着某人的眼睛看，或者在阅读平台相互推送读书清单。

41岁的唐是一名作家兼IT技术员，他就是通过这种方式找到了爱情。他说："我和女友都是作家，所以我们在推特（Twitter）上彼此加了关注。后来我们通过邮件联系，慢慢地，我开始给她打电话，最后我们在现实中见面了。我喜欢这种循序渐进的感觉。"

我在自己的博客评论区里，就发现有人聊得挺开心的（有的兴许还擦出了爱情的火花，不过这我就不得而知了）。有的朋友在评论我的脸书状态时，一拍即合，有一对甚至开始约会了。总之，你可以把自己的社交网络看成现实的交友平台，随时注意任何潜在的机会。多看看朋友发的状态和评论，看看是否会有你感兴趣的人。如果你足够勇敢，还可以向朋友问问更多关于那个人的消息。我就和很多朋友的朋友成为朋友。（你是否也一样？）这并没有什么不好的。

再回头说说相亲网站。其实你没有必要非要自己喜欢上这件事，也不必对此有什么看法。如果你既好奇不已，又担心有风险，曾尝试过却没有成功，或者仅仅只想碰碰运气，你可以找一些专家寻求帮助。比如网恋咨询师金伯利·道恩·诺依曼，她就给了我很多实用的建议。

首先，她指出，那些免费网站所吸引的人，大多数会抱着玩一玩的心态。如果你真心想通过交友网站寻得真爱，最好登录一些付费网站。

另外就是好好斟酌你的简历，要展现出自己真实的一面。她说："你要寻找的那个人，当然是喜欢真实的你，而不是一个让你觉得他只想约你出去。另外，多突出自己与众不同的地方，这能够激发他人对你的兴趣。比如，大家都在备注栏里写自己喜欢烛光晚餐和漫步海滩，你却写着喜欢做饭或者痴迷剑术，人们在看惯了千篇一律的简历后，很有可能就关注到了你的独特。"（你还可以添加一张拥抱马儿的照片，丽贝卡就是被这样的一张照片吸引了，从而和照片里的那个人走进了婚姻的殿堂。如果你没有养马，雪貂也是很让人着迷不已的小动物。一条黑色的拉布拉多犬、暹罗猫、小刺猬、真人大小的爱因斯坦剪贴画……什么都可以。）

但也不要太过刻意。绝不能撒谎，窗户纸总有被捅破的时候。当然了，在年龄一栏里稍微对自己的年龄做点修饰是可以的，不过你要在两人开始联系的时候爽快地坦白这件事情。那身高和外表呢？这个最好不要作假，因为对方逐渐了解你的真实面貌后，一般不会接受你的欺骗，因为你一开始就不够坦诚，让对方觉得你不值得信任。她强调："你不能靠一张根本不是自己的脸去赢得爱情，总有一天会被戳穿的。你要做的，就是放一张生活照，这样一来，对真实的你有兴趣的人才能在网络众生之中一眼看到你的所在。"

此外，不管你觉得网上交友多么无聊，你自己知道就可以了。如果简历的第一句话就是"我真的不知道为什么自己会来这里"之类的，你绝对没戏。尽管你不知道答案，但别人知道：你是来这里交友的，这并没有什么好难为情的。金伯利补充道："网恋本身就有各种不确定因素，所以很多时候，和人在网上聊天，就是找一个风趣诙谐、积极上进的人罢了。"

你当然可以描述心目中的白马王子该是什么样子的，但不要太过了。她提出："要求太多，会把男人们吓跑的。"也就是说，你可以列出一些原则性的条件，比如，如果你不能接受对方吸烟，就明确写出来。然后，还要有一颗开放的心和积极主动的态度。

如果你和丽贝卡一样，对自己寻找的另一半有很清楚的设定，可以在简历上搜寻一番。金伯利说："那些简历里什么都没认真写的人，差不多就没有把这当回事。"（但是，万事总有万一。托恩通过交友网站认识了现在的丈夫。她觉得那些把简历每一栏都填得满满的人，可能有点以自我为中心。"也太占空间了。我就碰到过这样的人，别提了，反正最后都没有进一步的发展。"托恩回忆道。）

如果对方在照片分享里贴出来的都是聚会时的合照，那么很可能这个人平时就会花大量的时间聚会、玩乐，也许这样的人不是你的理想伴侣。当然了，金伯利补充道："有的人也会放很多挑逗撩人的照片，他们性感火辣，进展节奏迅速，这样的人你可能不会想带回家见家长。"

那么，什么时候可以从网恋发展成现实中的恋爱关系呢？跟着感觉走吧！但是，金伯利提醒不要总是停留在邮件联系这个阶段。她很了解内向者的处事方式。她说："也许一直在网上眉来眼去让你觉得很自在，但是仅仅通过网上的文字来了解对方，很有可能让你对面对面的沟通失去兴趣。问题在于，两人见面之前，在虚拟世界里建立起来的关系太过亲密了。万一你们在网上可以无所顾忌地谈天说地，一旦见面却找不到感觉甚至无话可说怎么办？如果你们在某个阶段停留了好几个星期或几个月，那么进入下一个阶段就显得不那么容易了。如果对初次见面期待过久，等待过长，那么很有可能在真正见面的时候就会觉得很有压力，很失望，甚至感到很受伤。"

虽然对于眼光挑剔的内向者来说，这种情况并不多见，但她还是提醒大家不要陷入"超市综合征"（supermarket syndrome）——把所有你觉得有意思的商品全部放到购物车里。她解释道："这样你很快就会觉得要崩溃了。最明智的做法是，好好想想自己到底要和什么样的人来一场爱的邂逅。在回复他人申请时也要三思而后行，免得你还没开始建立关系就已经筋疲力尽了。"和其他社交场合一样，网络交友也是件费心费力的事情。金伯利建议："每周你都要预留足够的时间在网站上搜寻对象，回复邮件，但也不要让这件事情占据你生活的全部。"

最后，我还要说一说伊丽莎白的例子，她通过网络找到了自己的女友。她强烈建议大家，就算一直没能找到真爱，也要多去网站上看看。"不要总是沮丧不已。我们总希望自己遇见的第一个人就是心目中的另一半。但是，万一没有发生那么浪漫的事，多少会有点失望，而且这样的情况太常见了。在找到某个潜在发展对象之前，你很有可能得碰上几十个让你提不起一点兴趣的人。"

## ♥ 原来你也在这里

如何邂逅内向的他/她

内向者如何搭讪以及他们都在想什么呢？以下是在推特上征得的例子。

"不知该如何开口，我还是保持沉默吧。"

"我是不是应该回到原来的位置呢？"

"多希望自己能大方自然地跟你谈天说地啊！"

"你也常来这里，安静地坐在角落吗？"

"哦，这本书棒极了，强烈推荐！不好意思打扰到你啦！"

"嗯，其实我知道你注意到我了，不过我还是假装在翻看手机信息。"

"有时笨手笨脚也挺可爱的，对吧？那……你会觉得我笨得相当可爱。"

可想而知，结识另一个内向的朋友要花点心思。不管这个过程有多么困难，结果总会告诉你，自己适合什么样的人。因此，你要对内向者的心理有个基本了解，知道对方能接受什么，是什么让他们迫不及待地躲进洗手间（内向者最青睐的藏匿处）。

内向的基因让我们生来就懂得如何以更恰当的方式和人打招呼，不会像外向者那样盯着对方看，或者说一些让人心里起疙瘩的话。比如，"你为什么这么安静呢？"或者"玩得开心吗"？如果你参加了一个聚会，我建议你不要对外向者的行为毫无顾忌地冷嘲热讽。一位内向者在我博客里就提到过这个：说不定你指桑骂槐的那位刚好就是对方的好朋友。

而且，若是仅仅为了证明自己并非拒绝所有机会的人，我也不会尝试另一种风险很大的策略：借酒壮胆。但朱丽叶是个幸运儿。在大一新生的一次聚会上，她遇见了一名内向的男生，后来两人走到了一起。她回忆道："当时我的室友受邀参加，我就跟着去了。大家一起玩喝酒游戏，然后我注意到了他，觉得他很有魅力。我跟周围的朋友打听他是否单身，发现他果然还没有女朋友。所以，我就给他写了一张纸条，上面写了我的电话号码。"

她承认："当时的我确实不是我平时的样子，所以挺尴尬的。"但是呢，那个男生第二天早上就给她发了短信，现在两人已经大学毕业，同居了。

这有时候的确挺管用的。但前提是只喝到醉意微醺，而不是发酒疯，不然你不仅不能成功地和俊美的心仪对象约会，还有可能在大半夜鬼哭狼嚎，到处撒野。

　　搭讪的时候，直接一点总是没问题的，哪怕对方是位内向者——也许直截了当对他们来说更合适。开场白也不必非得显得你过于机敏或能言善道，只要表示出你的友好就够了。在任何一个聚会上，你走到某人面前，打声招呼，问一句"你跟主人关系怎么样？"或者"你喜欢这首曲子吗？"之类的问题，都不会被拒绝。

　　如果你觉得这还是有点突兀，那么还可以尝试一个更加委婉的方法来接近你感兴趣的那个他。试着在他边上找个座位或者站在一边，让他觉得你是碰巧出现在那里，想着自己的事情的。你可以尝试和他搭上话，但不能挨得太近。随意讨论一下聚会上的音乐、食物或者装饰，或是随手翻翻桌上的休闲杂志。

　　然后，很自然地插上一两句话。不能太热情，语气放平稳，不要紧张，决不能咄咄逼人。如果没人搭话，就随它去吧。如果你觉得自己手心都出汗了，就时刻提醒自己，来聚会是为了交朋友的。这不像平日里到咖啡馆或者书店那种公共场合随便逛逛，毕竟，去那里的首要目的不是为了交朋友。

　　还有一点，不要漏掉这些公共场合。也许你觉得在店里突然和人聊天这件事真是不敢想象，那么如果你勇敢一点的话，就不会有这个顾虑了。你可以常去奶茶店或者咖啡屋坐坐，就像艾瑞克那样，也许哪天你就找到他的踪影。鼓起勇气，去和酒保、服务生或者咖啡师聊上几句，这很有可能把别人吸引过来。即使你不常去这些地方，在仅有的几次光顾中，你也会有大把的机会在大家常待的这些场合和他人产生交集。

　　如果你找到了一个想要结识的对象，首先应该观察对方的肢体语言：是面向门坐着还是背对着人群？是在四处打量还是埋头于书籍或电脑？若是对方的耳朵里塞着耳机，那么很明显，这是一个"非诚勿扰"的信号。但如果他手里捧着手机，那么他既可能是忙着和别人发短信，也可能只是刷刷朋友圈打发时间。尝试一下，判断自己是否有点冒失。倘若真的打扰到了对方，就退到一旁，不必放在心上。

　　眼神交流总能传递很多信息，但前提是你没有困在内向的僵局里。偷偷瞄一眼的作用太微不足道了，也只能让你们俩的关系仅此而已。我的意思是，不可能有进一步发展了。最后，总要有人主动走出自己的舒适空间，你也如此。在任何场合，只要你想和陌生人产生交集，就会出现这种情况。这就好比在快速付款通道排队时，排在最前的是一位女士，她的购物车里堆满了商品，正当她准备付账时，你和排在前面的一位漂亮姑娘不约而同地翻了翻白眼，然后相视一笑，说不定还能对超市白菜的价格调侃上几句。

　　但是呢，一定要记住，男生和女生被陌生人搭讪的感受是截然不同的。在我博客的留言区里，一些内向的男孩子还恳求女生们发发慈悲，主动来找他们聊天。

有人写道："作为一名男生，我永远愿意跟任何一个有趣的女生沟通。如果你望了我一眼，对我莞尔一笑，那么这就意味着'你好，过来坐坐。我很想聊聊天，但是我太害羞，太没安全感了'。所以，女孩子们掌握着主动权。对于约会，她们比男孩子都挑剔些，所以像我这样的男生（同样缺乏安全感的）最好不要冒冒失失地主动去搭讪。"

还有人说："作为一名相当内向的单身汉，我永远不会介意一位聪明有趣的女士主动找我聊天。'你好''外套不错哦'之类的开场白简单又体贴，可以打破尴尬的局面。此外，幽默诙谐的打趣也总是很管用。"

女性就没有那么主动了，而且通常更加谨慎小心。作为女性，你责备男生总是三分钟激情，也受够了各种不满的嘘声和不恰当的评论，还有那些花花公子的骚扰。然后，你就开始厌倦男生的主动搭讪。

一位女性朋友写道："前几次我碰到这种事的时候，对方的一些话让我全身起鸡皮疙瘩。这种情况，要么是对方想动手动脚，要么就是突然挨着我坐下来。他为什么不坐在对面，这样聊天的时候就能看到对方表情。"

所以，小伙子，如果你想接近一个女生，一定要保持好距离，只有对方给予了相应的暗示时，你才能"得寸进尺"。即使在这种情况下，你最好还是询问一下能否坐在她身边的空位上。（并不是只有女性在这方面有所顾忌。一个男生也曾经写道："有两种人会让我受不了，一种是非要挨着你说话的人，一种是说起话来嗓门很大的人。"）

一旦两人结束了表面上的相互寒暄，也许很快你就会想把这种闲聊发展成更具有实际意义的交流。你知道的，内向者不喜欢总是闲扯，聊聊天气也不会有什么进展。你可以尝试询问对方对周围环境的看法。对此，内向者们总有一堆话要说，因为我们习惯于花大量时间来观察周围的事物。就算当时我们脑子里没什么特殊看法，类似的问题也会让我们自然而然地去思考我们为什么没有看法，且是否要有看法，如果有，应该说些什么之类的。这样一来，进一步的沟通就水到渠成了。

谈话结束前，你心里要清楚你们之间的关系有没有进一步发展的可能，尝试询问对方的姓名或邮件地址。如果你随身携带了名片，也可以邀请对方交换名片。邮件联系不会有什么威胁感，因为这样的沟通并不很亲近。你可以这么提议："我知道有个帖子说到过（你刚刚提到的事情），写得很深刻。要不你给我留个邮箱地址，我回头把链接发给你？"或者用更加坦诚的方式："跟你聊天太愉快了，我们交换一下名片怎么样？"甚至还可以问："能不能加个脸书好友？"邀请他人加你好友比你主动加他们要好得多，不会让你显得那么急切，起码你给了对方拒绝的权利。若是问到了对方的姓氏，你总有办法过后再找到对方的，在网上加了好友后，再看看有没有深入发展的可能。

如果你的交谈方式刚好符合内向者的习惯，那就更好了——也就是说，你们不是为了聊天而聊天，而是真正地交换了对某事的意见——这样也许你就能看出彼此在哪个领域还有共同语言。"这个月博物馆有个很不错的展览，如果你想去的话我发个邮件给你……"或者"我手头刚好还有张票（确实有多的，或者当时并没有，不过要买起来也很方便的那种），一起去看看吗"？

如果对方同意了你的邀请，那么就万事大吉啦！若是被婉拒了，也不要灰心，给自己打打气，继续享受美好的人生吧！

♥ **去就行了**

如何邂逅外向的他/她

　　想结交外向朋友吗？小菜一碟：你只要出现在他的视野中，表现出愿意和人聊天的样子就行了。一位 31 岁的空军医生尼克说，当年他和一名外向的女士聊天时，根本就没有想着要怎样才能和对方擦出爱的火花。第一次见面时，尼克正带领对方所在的部队参加一些训练。在餐厅排队时，尼克又刚好站在她后面，他问了一句："有什么好吃的吗？"然后对方便掌握了主动权。接着，两人就顺其自然地走到了一起，结为夫妻。他回忆说："我当时一回到自己的座位，就收到了她的邮件。在部队里，每个人的名字都会印在自己的军装上。我跟你说，她可狡猾着呢！"

　　虽然狡猾，但两人的感情很顺利地发展了下去。尼克说，当年她的座右铭是："2009 年，我要建立一个家庭。"圆满完成了任务。

在一次聚会上，拉·梅尔碰见了一个非常有意思的外向女孩。当时她正准备匆匆赶往下一个派对。但是，对方注意到了他，还跟聚会的主人打听了他的消息。梅尔说："我从来没想过去向别人打听某个人。"谢天谢地，幸好她注意到了他。于是两人的朋友又给他们创造了一次机会，他们在另一个聚会上相遇，然后一拍即合。

当两人再次见面时，妻子的外向性格让梅尔如释重负。梅尔对此依然记忆犹新："我说：'介绍一下自己吧。'然后她就打开了话匣子。"当时的他完全不用想要怎么聊天，这让他乐得轻松。不过呢，两人都很善解人意，不想让对方觉得自己被缠住了。梅尔说："她当时提到，如果我想和别人聊聊，完全没有问题。我马上回答说：'哦，没关系，我随时能和他们聊天，但现在我就想跟你待在一起。'"真是绝妙的回答。你看，内向的人总有自己的方法去拉近彼此的距离。

而劳拉说，别人如果没有站到自己跟前，主动打招呼，她是绝对不会注意到对方的。她和男友的相识就是这样的，虽然当时两人并没有面对面站着。劳拉带着女儿去看彼得·盖布瑞尔（Peter Gabriel）的一场演唱会，当时会场设在圣巴巴拉剧院。劳拉说："观众们都坐在凳子上，他在我后面，膝盖总是抵到我的背。"劳拉女儿用手肘戳她，说有个英俊的小伙子在向她示好。他主动暗送秋波，迈出了第一步。劳拉承认："我当时惊讶得目瞪口呆。”不过幸运的是，男友对此很泰然自若。

　　和外向者在一起有个很大的好处就是：对方总能轻松应对聊天。

　　和他们在一起，你可以用最老套的方式做开场白，不用绞尽脑汁地去想那些听起来思想深刻又有内涵的话，或者如何才能显得幽默风趣。内向者们觉得闲聊时压力大，其中一个原因就在于我们不知道要怎么闲聊。说些陈词滥调吧，又会觉得自己好失败。但其实有一点要注意：这就是闲聊的意义。随便聊聊就是两个人一起闲扯，而不是一次深刻的交谈。当然，有时候闲聊也会转变成深入沟通。外向者对此轻车熟路，所以他们不会对你评头论足，而会等你调整好状态后，再引着话题步步深入。

　　我在和朋友一起参加的一场读书会上，第一次遇见了德鲁。对于我们俩是怎样聊起来的，我已经记不清了，但我肯定的是他走出了第一步。德鲁性格内向，但是在聚会上很有一套，能轻松驾驭聚会上的闲聊。他说他从来不会贸然地走到别人面前推销自己，而是走到一群人边上，默默听着。“只要30秒就差不多可以能分辨别人在聊什么，若是很私密的话，我就大方地走开。”德鲁说。若不是私密的话，接下来就得看个人的表现了，关键就在于要表现出自己的倾听天赋。“你没必要说很多话，只要你对他们感兴趣，大家都会慢慢喜欢上你的。要是有谁提到想去西班牙留学，我可能就会说：'我有个妹妹在西班牙，你觉得那个国家怎么样？'也就是说，你只要抛个问题就行了，不需要侃侃而谈。如果你开口的前五句话，有三句是提问，那就说明你已经掌握了这个技巧。要是没人买你的账，或者只是随口回应一下，你只管换一个地方好了。"

要是你这么做会紧张的话，不如换个角度想一想。"这就好比六个人聚在一起闲聊，你完全不必说那么多，有个六分之一就够了。"德鲁提道，"这样真的会让你轻松很多。"

如果你性格内向，但某个话题说到了你心里，你感觉自己能一下子出口成章，滔滔不绝，那么你就得好好考虑一下德鲁的建议了。我偶尔也会得意忘形，收不住嘴，每个人都会这样。所以要注意一点：聊天时要时刻注意周围人的反应。若是发现大家注意力都不在你身上了，就立马打住。有一次，我就发现自己喋喋不休地说了一大堆，结果忘了要抛出个问题，见好就收。如果发现自己失礼了，就马上打住，别人都会看在眼里的。他们会注意到你并不想显得惹人讨厌，自然就会尊重你的一言一行。

和外向者在一起时，要记住这一点：完全不用想对方是否想认识新的朋友——他们乐此不疲，而且朋友越多越好。因此，大胆一点，主动接近他们。你完全没必要有什么顾虑，因为他们根本不会想那么多。比如，在餐桌上跟他打个招呼"哇，你这件衬衫真好看！"或者"你是不是来自堪萨斯城？"，"你觉得菠菜蘸酱算不算蔬菜？"，诸如此类。同时望着对方，莞尔一笑，然后呢，让外向的他们来主导就可以了。接下来一切就看两人的缘分了。

对了，还有一点，如果你已经做了所有的尝试，但对方还是没有跟你要电话号码或是邮箱地址，那么你可以主动询问他的联系方式。随意一点，比如在和他跳舞时，抓住他的胳膊，提一下，然后大方地松开，表现出你经常这么做的样子。"嘿，我要走了，跟你聊得很开心，能要一张你的名片吗？"或者"留个邮箱地址怎么样？"

其实，就算对方和你交换了联系方式，愉快地告了别，你还是得主动出击。因为你很有可能只是那个周末的聚会上，他认识的众多新朋友当中的一个。发个信息，或是留个言，提一下两人的初次见面，然后提议找个机会再聚聚，聊聊天。对方若是像你期待的那样也对你有印象，自然会给出回复。再次强调：绝对不要害羞。外向者们就喜欢结交新朋友，而你就是众多新朋友中的一个。

♥ **不要害怕第一次约会**
### 如何缓解初次约会的焦虑感


　　首先，我要给大家讲几个故事。所有主人公在一开始恋爱的时候，进展都慢得像蜗牛，但最终都双双走入了婚姻的殿堂。所以，就算你总是主动，都没有俘获对方的心，这也并不意味着你们俩不合适。

　　丽贝卡第一次联系照片里那个抱着一匹马的小伙子时，她已经养了一堆的宠物：5只狗，3只鹦鹉，还有10只猫咪。一听起来就觉得和她约会大概不会轻松。

　　艾德和丽贝卡一开始是互发邮件的。在某个周六，丽贝卡抱怨后院重建的噪音让她头昏脑涨。这时，艾德提议一起出来见个面吧，散散心。对于极少邀请别人的艾德来说，这可真不是件寻常的事。一般在双方见面之前，他会和对方保持相当长一段时间的邮件联系。

两人决定晚上一起吃饭，艾德去丽贝卡家里接她。艾德刚进门，就被一大群猫猫狗狗"围攻"了。丽贝卡回忆道："当时他蹲在地上，和小动物们玩得不亦乐乎，几乎都要把我给忘了。"当艾德意识到自己的做法欠妥时，他就知道自己搞砸了这次约会。丽贝卡说："但是当他回过头望着我时，我立马回了一个大大的笑脸。"

周围的猫猫狗狗估计都捂着脸笑了。

后来呢，不到 1 年，两人就结婚了。

还有一个故事是关于安妮的。她的先生也是一名内向者，两人初次约会时，他滔滔不绝地一口气说了整整五个小时，几乎都是关于他自己的事情。安妮当时发誓再也不跟这个男人见面了。"但是他打电话过来说：'赛场上的运动员都有三次发球机会呢，请你再给我一次机会吧！'"安妮答应了这个请求，心里想着这个在海军部队服役了 15 年的男人，大概之前也没有什么恋爱经验。但是见面时，她还是告诉了对方自己觉得他真是太不会说话了。后来，两人第二次约会时，他带了一个问题清单，足足有 26 个问题，都是关于安妮的。"我觉得他太可爱了！之后我再也没有和其他男人约会过。"安妮如此说道。

现在呢，他们俩已经携手走过了 21 个年头了。

克丽丝汀是在一个教堂遇见了自己现在的丈夫的。在此之前，两人就已经互相认识，但不是很熟，接着对方约她一起出去转转。当时克丽丝汀不是很情愿，因为两人的性格差异太大了，她觉得彼此不太合适。"他开朗大方，能言善辩。而我呢，恰恰相反。"不过克丽丝汀还是答应了他的邀请，尽管心里一直惴惴不安。虽然对方对她一见钟情，但她心里依然不踏实。她被他的热情奔放吓到了，一连好几周，都没有回复他的电话和短信。但是，外向的他可不想这样不了了之，最终还是成功地让克丽丝汀答应了第二次约会。"我们去了一家咖啡馆，我突然意识到，尽管性格迥异，但我们有很多相似的地方。"克丽丝汀继续说道，"我想，就是那一瞬间，我发现了我们之间心有灵犀的地方。我记得那天我提到了彼此间的不同之处，并且问他对性格有什么看法。他的回答是，只要在两条线之间寻求平衡就好了，互补也是一种缘分。他之前的几段感情都以失败告终，原因就在于双方太过相似了，他忍受不了那样的感情。所以这次他想试一试。"

现在两人刚刚步入婚姻的殿堂。他们确实一试成功了。

有时候，第一次约会说不上非常完美，但也不算糟糕。道格和妻子的第一次约会还算过得去——没有什么特别的，但是两人相处比较愉快，还约好了第二次见面。第二次约会的开头很平淡无奇，但一两个小时之后，酒吧里发起了一场智力竞赛。两人组队参加了，经过共同奋战之后，他们一拍即合。道格说："我们都发现彼此之间很有默契，而且玩得很开心，那次约会可不像那种走流程式的约会，只是问了问'你来自哪里？''你家里有兄弟姐妹吗？'之类的问题而已。"

所以，初次约会并不是我们想象中的"不成功便成仁"。除了大家期待时的焦虑不安，约会本身其实不会留下太深刻的记忆。我采访了很多内向者，他们大多数根本就不记得初次约会有什么特别的地方，要么吃寿司，要么吃比萨，或者看场电影等等，这样两人聊起天来会比较轻松。茱莉亚说："在那么多次的初次约会当中，我和他见面时是最舒服的。和他聊天很放松，我不必绞尽脑汁地去表现得很幽默精明，而且话题也不会总是围着他转。"

另一个叫道格的人说："就我自己来说，和外向者相处的其中一个问题就在于，他们总是像审问一样不断地提问。可是我和她初次相遇的时候，尽管她总是说话的那一个，但我现在压根儿不记得自己曾经被她'审问'过。"

对于我和先生的初次约会，很多记忆已经模糊了，只剩下个大概而已。当时我们去看了一场《蒙娜丽莎》（*Mona-Lisa*）的电影，然后吃了个汉堡。吃到一半时，他问我："你觉得这次约会算不算得上圆满？你开心吗？"（后来慢慢地我才知道他总是这样呆呆的。）当时我觉得他的问题太可爱了，于是回答说："是的，当然很棒，我很开心。"

从这些故事里，我们可以总结出初次约会的一条戒律：

千万不要对它抱有过多的期盼。因为它们有的可能浪漫温馨，有的可能平淡无奇，还有的甚至会糟糕透顶。不管你们的初次约会结果如何，有缘的话，两个人总会走到一起的。所以你只要带着一颗平常心，轻松赴约就行了。除非（但愿不会如此），你的约会对象是一个不愿社交的孤僻症患者，那最坏的结果也只是你又浪费了一晚时间，觉得无聊透顶罢了。又或者，也许你没有给对方留下很深的印象，但是就像安妮和克丽丝汀的故事那样，这也并不是无法挽回的事情。

德鲁认为自己和女孩子的约会总是一帆风顺。"一般来说，我都能和对方在餐厅里聊上两个甚至四个小时。通常我们都会突然看一下手表，然后才意识到已经过了那么长时间了，感叹：'哇，都已经这么晚了吗？'"

德鲁在约会时表现得如鱼得水，很有可能是因为他并不急着结婚——实际上，他对婚姻这个概念并没有一个清晰的理解——所以他赴约时并不觉得压力重重。很多人之所以总是感到不自在，手足无措，都是因为心理负担太重了。除了你自己，没有谁能给你那么大的压力。所以，在准备赴约时，要冷静下来，想着"去看看又何妨"。另外，穿衣打扮也要以得体舒适为主，不要一味地博人眼球。即使你的期望值很高，也要实际一点。即将见面的这个人，并不一定是与你共度一生的那一个，你们俩只是要一起度过几个钟头而已。

约会对于内向者来说，还有个隐形的优势：约会通常是一对一的交流，而且双方都觉得这样沟通比较舒服。在这种场合里，我们可以充分发挥自己善于倾听的天赋，只要我们不太过投入，让对方说的话塞满自己的脑子。

当然，任何人一紧张起来都会喋喋不休。而且内向者们通常不习惯成为被关注的对象，这很容易让他们受到影响（安妮的先生就深有感触）。一旦意识到自己说个不停，我们就会窘迫不安。而对于外向者来说，他们在掌控交流方面其实也并没有多少"自知之明"。但是，请记住，约会时发现自己处于这样的窘境时，说一句"我太紧张了"并没有什么大不了。滔滔不绝地说话，打翻自己的水杯，去餐厅的时候转错了方向。任何一个怀有善意的人都会对你表示同情。一个心理学研究指出，人们对尴尬的忍耐度是很高的。还有一点就是，也许你的约会对象也同样紧张，所以万一对方做了什么奇怪的行为，你也不要苛责他。如果你能把对方的种种行为解释成太过紧张，也许你会发现那些奇怪行为可爱的一面。

如果你的约会平淡无奇——既不令人印象深刻，也没有惨不忍睹——或许你们可以再约个时间聚聚。每个人都有掉链子的时候，所以如果你还在为第一次约会时的行为而纠结不已，无法释怀，那就再试一次吧。初次约会都是一次探索自己和对方的实验，不是吗？

　　有一点非常之关键：做自己永远不会让你犯下什么错误，不管是喋喋不休，还是脱口而出后的尴尬，都没问题。你永远都不知道和你天造地设的那个他会爱上你的哪一面。

## 为了收获最好的结果，好好准备吧！

### 完美的初次约会，需要周密的准备

在勇敢地迈出第一步，邀请他人约会之前，你一定要有个周密的准备。如果你在邀请别人的时候说"哪天一起聚一聚"，这样听起来就没有那么真心实意，因为这个"哪天"似乎永远都不会到来。当然了，不管你心里怎么想，这样的说辞还是给了自己一个后悔的机会。不过呢，外向的人可能会欣然附和你的提议，让你不得不把随口一说的邀约确定下来，但内向的人就不会那么咄咄逼人了。还有一点值得一提，就是有的人可能会先答应下这类模棱两可的邀约，但心里会想"估计没戏，如果对方说真的，我到时候再找借口推掉就好了"，给你带来错觉。所以，如果你真心想要邀请某个人，那么你的提议一定要翔实。列出详细的计划，包含具体的活动安排，同时给对方留有商量的余地。

如果你是被邀请的那一方，也千万不要唯唯诺诺，任其安排，喃喃着"都随你"。对方一给出提议，你就要清楚地回答去或不去。倘若你觉得和对方很有缘，可以给个备选方案，接着再一起商定细节。

这样做的好处很多：你能了解对方的性格，譬如头脑是否灵活，思维是否开放，他是不是一个亲切可爱的人；还能够判断两人在一起的时光是否愉快；又或者可以和喜欢的人一起做喜欢的事，留下一段美好的记忆。所以呢，要有自己的追求和坚持。如果你钟情英格玛·伯格曼 (Ingmar Bergman) 的电影，就不要附和去看亚当·桑德勒 (Adam Sandler) 的作品；如果你患有恐高症，就不要答应一起去攀岩；如果你更喜欢汽车赛事，就不要勉强自己去看艺术展。不过呢，倘若你们俩一见如故，想更多地了解对方，这些事情都是不错的选择。但是，我的建议是，第一次约会最好能考虑到双方的喜好。

下面谈一谈初次约会的活动和利弊。

## 看电影

人们对初次约会一起去看电影的看法褒贬不一，因为在这个过程中两人不会聊天，也没法窥探到对方的内心。看场电影，吃顿晚餐，这似乎是初次约会的经典搭配——当然，慢热的内向者可能会选择先看电影，好在暗地里准备一些话题，让两人相对而坐时有话可聊。

**利**　这是一个相当不错的具体提议——聊几句，相互熟悉了，再提议看一场和话题相关的电影，最后彼此交换对电影的看法。这样一来，你就能了解对方的品位和喜好。跟演唱会和戏剧表演相比，电影票价格更实惠，电影里的故事也能提供很好的聊天素材。

**弊**　你不得不花将近两个小时的时间坐在电影院里，就那么坐着，不聊天，心里还想着对方是否喜欢这个影片。

**贴士**　挑选的电影尽量避免裸体、性和淫秽的主题，因为和一个还不熟悉的人一起看这种电影会很不自在。挑一个老少皆宜的影片，至于成人主题的，可以等两人关系发展到足够亲密时再去看看。

## 共进晚餐

约会的另一个传统，就是饭后还可以安排其他的活动。不管你是目标明确还是带着试一试的心态，都可以在此期间更好地了解对方。还记得《安妮·霍尔》（*Annie Hall*）里戴安·基顿点了一份蛋黄酱熏牛肉的场景吗？（没看过这部影片？这部电影简直是最全的约会囧事集锦。）

**利** 这是善于社交的外向者最拿手的项目，两人面对面坐着，不受打扰，谈天说地（除非你们遇到了一个很烦人的服务生，时不时地过来打断你们）。同时，你还能暗暗观察对方对餐厅里服务人员的态度，是颐指气使还是彬彬有礼？擦亮你的双眼吧！

**弊** "我的牙缝里有没有塞了一根菠菜？"也有可能会发生类似的窘境。此外，如果两人没有擦出火花，那么这顿饭可能就会让你如坐针毡了。

**贴士** 这么说可能有点不公平，但事情就是这样的。我有个朋友曾和一位女士在餐厅吃饭，对方点了一份鸡蛋沙拉三明治。看到她的吃相，我朋友立马就失去了对这位女士的兴趣，完全没办法邀请她下次再聚。哎呀，我知道这不公平，但是我只是想说明一个客观事实。

丽贝卡有话要说："我对很多东西过敏，所以很多时候我只会点一些健康的菜，可是我心里真的很想尝一尝巨无霸培根芝士汉堡包。和男孩子约会时，对方总会和我点一样的菜，但我看得出他们并不喜欢吃鱼肉或者蒸蔬菜之类的东西。"

而且，女士一般不会主动要求各付各的。如果你同意两人AA制，那么她很有可能在心里对你火冒三丈。我的意思是，她们的提议并不是真心的，所以不要被骗到了。

## 逛博物馆

这是经典的内向者之约——安静，富有艺术气息（要么是古朴的历史，要么是新奇的科技）。在这里，两个人不会热衷于聊天，但可以偶尔交换一下看法。你可以仔细斟酌用词，不让自己显得格格不入。

**利**　逛博物馆可以看到对方灵魂的一角。比如，历史博物馆就可以考验对方是否学识渊博。此外，大型博物馆一般设有休息区，两人可以安静地坐在角落，观察来来往往的游客。我曾和老朋友在纽约参观大都会艺术博物馆 (Metropolitan Museum of Art)，欣赏了一些艺术品后，我们找了个座位休息，一边闲聊，一边看周围的人。（那里人来人往，完全不用担心我们的谈话打扰了他人。）

**弊**　也许你们俩对艺术的品位不一样，很有可能因为意见不合而心生嫌隙。

**贴士**　谈艺术的时候，最好不要矫揉造作地卖弄学问。稍不注意就有可能不讨喜，千万要注意这一点。

## 远足、骑行或者其他户外活动

如果你喜欢大自然，是热衷于户外活动的一分子，那么你肯定想找个志趣相投的人一起挥洒汗水，欣赏美景。（倘若你只是因为想逃离人群而喜欢这些活动，那就跳过这一段吧。）

**利**　让身心兴奋起来能让你的约会锦上添花。而且即使这样的约会没有得到什么结果，你也燃烧了脂肪，锻炼了身体。此外，运动期间不需要一直聊天。你可以聊上几句，也可以专心运动什么也不说，都挺好的。

**弊**　两个人的节奏不一定合拍。其中一个人可能更快，更强，比另一方更有技巧。这很可能让弱的那一方感到沮丧。

**贴士**　绝对不要争强好胜。把运动看成是团体项目，你们是在为同一个目标而努力。还有一点必须谨记：不要好为人师。千万不要在一旁指手画脚，除非对方主动询问建议，不然这很有可能惹恼对方。

## 逛跳蚤市场或街头集市

同样地，如果你对此很有兴趣，那绝对是经济实惠又充满乐趣的活动。

**利**　不需要门票。所以当两人决定去某个地方转转时，不会有金钱上的消耗。如果你腼腆害羞，不知道要和对方聊些什么，集市上琳琅满目的商品就足够你们俩边看边聊的了。有的商店还会放一些音乐，表演杂耍，弄一些儿童彩绘。（不要操之过急，但是既然看到了小孩子，你们可以就生育儿女方面的问题聊一聊。）两人可以相互评判对方的品位和喜好。你们是兴趣一致，还是一人喜欢画蓝色矢车菊，而另一人更偏好近现代的几何创作？都喜欢收集小玩意儿吗？喜欢翻找盒子里的旧唱片吗？若是逛累了，就找个地方坐坐，休息一会儿，看看路人，这对内向者来说，是再好不过了。

**弊**　有的内向者表示非常不适应嘈杂拥挤的环境。一旦察觉到自己没法喜欢上周围的环境时，最好和对方说清楚，换一条线路。外向者很可能会觉得自己应该和集市上的每个摊贩都聊上几句，这可能是件很糟糕的事情。不过这取决于你的想法，如果你觉得这挺有意思的，那也算是其乐融融。

**贴士**　这只是随处逛逛，并不是非要买些东西。如果你发现了一件让自己心动不已的商品，就上前买下。但我个人建议，若是真的需要购物，可以单独出去逛街，或者邀上朋友一起，不然你很可能会只顾着逛街而忽略了身边的人。

## 漫步公园或者附近一带

如果对方喜欢散步，并不需要你为他（她）做一些特别的事情，那么这个人就是同你闲逛的最佳人选。

**利** 两人并肩而行，轻声细语，这是件很轻松惬意的事情。边走边聊能卸掉你很多的压力，这也是漫步的迷人之处。徜徉于小径，即使偶尔沉默一番也不会让两人觉得尴尬。若真的想和对方深入聊聊，那么找个长凳或者咖啡馆坐一坐，就是很自然的事情。

**弊** 相对于前面提到的活动，这样的约会没有一个明显的结点。若是你的时间不够充裕，到最后你只能说"天呐，时间过得太快了……"来结束这次约会，然后匆匆离开。

**贴士** 有一点要注意，在两人开口聊天之前，漫无目的地闲逛还是或多或少地会令人尴尬。

总之，初次约会一般会做一些两个人都喜欢的事情。你最好事先全面考虑好每个场合活动的利弊，尽力营造一个愉悦舒适的氛围。

## 其他

**俱乐部的现场音乐**　如果两人喜欢同一种风格的音乐，那就再好不过。只是不太方便聊天。

**婚礼**　个人不推荐，除非你喜欢不停地回答那些尴尬的问题。

**家庭聚会**　同上，而且带着约会对象和家人聚会会让你应接不暇（尽管这取决于是去哪一方的家里）。

**剧院或者演唱会**　若票价合理，倒是个不错的选择。但是有一定的风险——如果表演者太浮夸，不值票价，对方没有被演出的气氛感染，那么他可能会觉得索然无味，对你产生抱怨。

**聚会或者群体活动**　这对内向者来说是个挑战，如果聚会上有很多出彩的外向者，那么内向的你很有可能就成了衬托鲜花的绿叶了。

**酒吧**　这是个理想的聊天场所，你只要慢条斯理地喝点小酒就可以了。

## 自我推销的真理

### 让内向成为你的亮点

不久之前，我收到了一位女士的留言。她的先生是和她大学时代相恋的男友。在那段青葱岁月里，两人看了很多风景，玩过很多聚会。大学真是一段令人难以忘怀的时光啊。后来呢，两人毕业后就结婚了，这位女士安心地过起了内向而安宁的生活。但对于这种突然的转变，她的先生感到迷惑不已。先生的惊愕则让她"忍俊不禁"。她写道："我估计他当时没有想到自己竟然和一位内向者结婚了。"

他可能确实没有想到这点，对于这点我挺同情他的。可以肯定的是这位女士并不是故意的，但在处理人际关系中，这仍然是一种具有诱导倾向的策略（bait and switch），不是吗？

确实直到最近几年，世人才正确认识到人类的内向与外向，以及两种性格对人际关系的影响。逼着自己朝外向发展，或者假装自己很外向的大有人在。这都是因为世人认为外向的人更加幸福、成功，不像某些内向的人那样行为怪异或者生活得很悲惨。实际上，这么多年以来，从我的邮件和博客里的留言看来，很多内向者并没有意识到自己的性格是内向的；他们只是觉得自己某个地方出了毛病。在这么多的留言中，他们的痛苦与纠结表露得十分明显。

但是现在情况不一样了。我们内向者开始正视自己的性格，尝试了解自己，接纳自己，思考内向性格对我们生活方式的影响，然后小心翼翼地利用自己的内向与人交往。当然了，每个人都是一个囊括了不同性格、经历、品质和癖好的复杂的集合体。但是一般来说，内向性格意味着我们有很多特定的心理需求和习惯。所以，在开始一段新的感情之前，我们一定要深入了解自己的各个方面。

在寻找爱情的路上，"了解自己"和"爱上自己"还不是最具有开拓性的事情。显然你只是窥探到了自己的一小部分。其实不仅仅是内向的性格，还有很多关于自己的未知面等着你去发现，去喜爱。但是，当你认识到自己的内向，熟悉自己的行事方式之后，你肯定希望另一半能够接受你的个性，理解内向性格会对两人感情造成的影响。

我和先生刚开始谈恋爱的时候，我就告诉他我并不认为恋人就得整天黏在一起。他当时很吃惊，因为碰巧他就是一个相当独立的人，所以后来我们俩在这方面并没有什么不愉快的摩擦。实际上，也许他从来就没有想过，在一段感情中是可以有两人独自相处的时间的。

很多人都觉得两人一旦开始恋爱，就意味着时时刻刻都黏在一起，这正是我们所处的文化所提倡的事情。贝丝承认在和丈夫刚开始恋爱的时候，她曾因为对方需要独处而感到十分苦恼，觉得他不够爱自己。但是，随着两人感情的日渐成熟，她慢慢改变了看法。她说："我意识到了属于自己的那部分时间的价值，也终于开始思考自己作为一个独立个体的身份。"

确定自我当然是第一要务，但紧接着，你就需要了解对方的心理需求。如果你完全沉浸在自己的内向当中，那么就好好爱自己吧。相比起来，了解对方就难多了，也许要经历学习曲线里的所有波折。大卫在美国丹佛的一个教育研讨会上遇见了自己未来的妻子。那时他住在英格兰的一个小山村里，而他所在的那个社区的人都信奉佛教。因为他在那里实在是生活得太久了，久到他几乎忘记了那种生活——没有收音机、电视、唱片机——是很多人都无法接受的。所以，当他带着女友回家时，"出于某种原因，这听起来挺尴尬的，我并不想带她四处转悠。我觉得待在家里就够了"。大卫继续说道："于是她变得很焦躁，我当时都觉得她下一秒就会直接搭飞机回美国去了。"

幸运的是，大卫马上就察觉到了这点。直到今天，两人虽然已经结婚 6 年了，但依然在磕磕碰碰中相互适应。他到现在依然不知道妻子是否能完全理解他的内向。他曾建议妻子读一些书籍或文章，了解一下内向性格，但都无疾而终。不过最后呢，他决定用佛教中顺其自然的方式来处理这个问题，不再逼迫妻子。

与大卫不同，道格和现任妻子就把这个问题摆到了台面上。谈恋爱的时候，妻子会对他的内向性格做出评价，两人对此交换意见，接着做出调整——比如：考虑双方的需求后，决定花更多的时间参加小型的聚会，而不是大型的派对。后来，两人结婚了。有一次，道格应邀参加一个大型的领导工作会议。会议上，他需要填写麦氏人格量表（Myers-Briggs Personality Inventory），这让他大受启发。不久之后，他在网上让自己的妻子和孩子也做了这个测试。现在两人已经一起走过 28 个年头，在社交方面，他们还是会寻找折中的处理方式。他说："我们有意识地参加各种群体活动。比如，我们经常活跃于教堂，这能够满足她的外向需求。而且这样的场合一般不会有太多人，我也会感到很自在。"

当布莱特和女友决定认真考虑两人之间的关系时，他们就不得不解决彼此之间一直存在的分歧。布莱特认为女友"把幸福建立在朋友身上"。布莱特说："即使在最开始的时候，让她把朋友晾在一边，来和我约会，她都很难做到。我当然会有点急躁不安。后来唯一的解决办法就是，让她相信我能给她幸福，并且像朋友那样让她感到自在。现在她依然和朋友玩得很好，只是不再仅仅依赖友情了。"

与内向性格有关的大多数问题，都会在一次次约会和相互了解的过程中逐渐体现，并让两人不断对此做出调整。你完全可以把这简单地看成一件自然而然的事情，不必非要把自己的内向需求当成一个严重的问题。"像那种喧嚣的大型聚会听上去就不适合我。如果你想要我陪着，我就去，但是你一个人去玩也没有任何问题。""我可能过几个小时后再过去，你要不先过去看看，兴许你想玩久一点？"或者"我一整个星期都在和别人说话，真的很需要一个晚上好好静静，我特别想窝在沙发里一个人待会儿"。

但是，即使你设定了一些必要的界限，你还是会想确保自己并没有建起一堵高墙。我曾收到过一些心碎之人的留言，他们内向的另一半就让他们感觉自己被挡在了心门之外。一位女士提到，两人的小孩长大离家之后，她把孩子们的一间卧室改造成了丈夫的书房。可是现在她后悔了，因为丈夫整天窝在书房里，不肯出来。她写道："我一直在学习关于内向的东西，但是我丈夫总是让人捉摸不透！我是一名外向者，因为他，我这些年变得越来越像独居人士了。（谁不希望和心上人一起出门赴约呢？）因为除了我们俩，家里就没有其他人和他互动了，于是他就越来越沉浸到自己的世界中去了。我知道要给他空间，但是也许我这么做反而加重了他的内向。"

千万不要学这位丈夫。但是也不要强行让自己变成另外一个人。隐藏自己的内向不是个明智的决定，因为内向本身并不是问题。只有当两人的感情迅速发展，彼此不同的需求没有得到合理的处理，一方不能尊重和理解另一方的性格时，内向才会引发问题。毫无疑问，与内向有关的问题会在长期的相处当中慢慢得到处理——健康的两性关系是流动的，时刻变化的——但是如果你决定一开始就坦诚面对自己，面对爱人，那么就必须做好调整的准备，追求共同的舒适和幸福。这样才不会有那么多尴尬的意外之事出现。

**❤ 字句需斟酌**

需要自己的空间时，该怎么开口呢？

　　作为内向者，我们完全有权利选择自己的生活。但在与他人划清界限的同时，又不能冒犯对方。于是，如何开口就成了一个具有挑战性的难题，让我们在说明理由和借口时总是吞吞吐吐。可是到了最后，我们总会做出让步，变成别人怎么说我们就怎么做。因为我们无法坚定自己的立场。

　　那么什么才是坚定的立场呢？就是你能够满足自己的需求，并且当你想独处、回家、拒绝，甚至划定任何界限时，没人能够改变你的想法。

　　偶尔说一些善意的谎言，的确可以帮你解决很多问题，尤其当你需要自己的空间时。但是，坦诚地表明自己的内向需求其实有很多好处。你越诚实，就会有越多人理解你，习惯你对于独处的需求。

下面列出了几点建议，希望当你在不同场合提出要求时能够用得上：

**今晚我并不想参加什么活动，谢谢你。**

当你只想一个人安安静静地待会儿时，你的另一半是不是一直在鼓励你兴奋起来？不要轻易答应他。直接表示："那是你的风格，不适合我。"你需要停工休息会儿，另一半可能会想劝一劝你，但是你才是最了解自己的人，不要任人摆布。

**你可以这么说：**

·这个周末我想有一段完全属于自己的时间。

·今天已经玩得很开心了，现在我只想窝在沙发里看看电视。

·可否改日再约？我特别需要一个安静的夜晚／周末。

**聚会结束了，我该回家了。**

参加了一个聚会，玩得很开心，但现在你想回家了。可是，你的另一半和朋友们却哀号道："不行！不可以！"所有人都对你的中途离席感到失落，说道："你一定要留下来！我们才刚刚进入状态呢，现在走太扫兴了！"

首先，你要知道，这并不是事实。因为接下来的几个小时很可能并没有什么特别的，只是吃的东西少了而已。其次，你玩够了，那就够了。要记住这一点：当自己已经尽兴了，想离开时，拒绝他人的邀请是一件相当困难的事情。

**你可以这么说：**

· 我玩得很尽兴，再这么下去我就要受不了了。

· 今天太开心了，没有一点遗憾了。

· 我必须走了，不然我今晚就要睡倒在沙发上了。

**对我来说，并不是越多越开心。**

有时候受邀去参加群体活动挺有趣的。我们很多人都知道什么样的邀请并不适合自己，哪怕对方是自己真心喜欢的那个人。其实我们想拒绝的只是这个活动，并不是这个人。

**你可以这么说：**

· 我现在不太想和一群人一起玩乐。

· 听起来挺有意思的，但是我只想和你静静地待会儿。

· 我不会考虑这个活动的，不太适合我。

· 我觉得呢，如果你不需要顾着我，看我玩得开不开心，你会更加尽兴的。还是你自己去吧。

**我真的，真的，真的要撤回刚刚的计划。**

我并不提倡大家随意更改计划——尤其是只有你们两个人相约的时候。（这跟群体活动不同，一群人一起玩，你不在

并不会有多大影响，缺了你，一切依然正常运转。）经常反悔
并不礼貌，而且很不友好。但是，真正关心你的人，看你确实
没办法的时候，会偶尔给你反悔的自由。所以，我们要谨慎且
有计划地使用这种通行卡。（此外，不能因为有更好的选择而
推掉之前的约定，除非这个更好的选择是能给你充电的独处时
光。）

**你可以这么说：**

· 如果我恳求你让我先走一步，你会恨我吗？我现在什么
都不想做。

· 要是我改天再约你，会让你很失望吗？

· 今天我真的很累，我保证下次再约时，一定让你尽兴
而归！

当你这么说时，一定要仔细观察对方的反应。理解？愤怒？
支持？不满？这些都是很重要的小细节。同时，也要注意你推
脱的频率。如果你经常放对方鸽子，那么你们俩可能真的不合
适，因为你给不了对方需要的陪伴。很客观地说，在两人深陷
情海之前，你一定要想清楚这些事情。

## ♥ 你看懂对方的预警信号了吗？

### 有时候，离开才是最明智的选择

　　两人相处的时候，总会出现这样或那样的问题。因为这些层出不穷的问题，有的人会争论不休，有的人会痛彻心扉，有的人会促膝长谈，有的人则会妥协退让。但是不管过程如何，最后都一定会有结果，双方都会做出一定的改变。但是，那些反复出现的问题，就不仅仅是问题而已了——它们有的已经成为红色警报，这也许预示着你们的感情出现了危机，或者两个人已经没办法一起走下去了。很多时候，爱情是盲目的，你会觉得所有的不愉快都是因为自己太过敏感（我相信内向者从小到大听了不少类似的评价），然后就这么粗心地错过了对方表现出来的各种信号。

　　从某种角度来说，内向者就像一块海绵。我们会接纳周围发生的所有事情。我们善于倾听，善于接收他人的信号，也善于为他人考虑。我们和其他人一样，也想被爱，被赞美，但是我们总是太过保守，不习惯成为焦点，所以我们总是喜欢站在后面，作为绿叶去衬托别人。我们总是回应他人的要求，把自己对沟通的渴望深埋在心底。有的时候，我们也会对自己的内向性格苦恼不已，也曾经试着打破自己性格上的束缚，学着忽略周围人的感受和需求。

约翰表示："小的时候，人们就觉得我的内向性格不正常，所以我就强迫自己外向起来。而结果只是让情况变得更加糟糕罢了。我故意忽视自己的内心需求，对它不管不顾，以至于怨恨渐生。最后，我和妻子的关系越来越疏远，再也回不到以前的亲密无间。总的来说，我没能做真正的自己，也无法接受自己，所以最后和一个并不适合的对象结了婚。"

这种错误的确是悲伤的故事，但有的跟内向性格相关的两性问题会让人终日提心吊胆。当梅丽莎和前男友的感情开始举步维艰后，她提出了分手，但是之后她因此惶惶不安。她提醒道："因为内向，我们很容易被孤立，容易被拉入一段并不幸福的感情。比如，我和男友晚上总宅在家里，哪儿也不去，我也没有把他介绍给自己的朋友们。这样一来，我们的社会交际就会出现问题，会留下一大片的空白，而且我们也不知道朋友以旁观者的角度是如何看待我们的感情的。"

和其他的内向者一样，梅丽莎习惯于把一切都藏在心里，靠自己解决问题。这样一来，就没有谁能一直看着她，提醒她。在这段关系中，可能已经有人对厌恶的行为发出了红色警报——也就是那些"我自己不太能够，或者压根儿就注意不到的问题"。

所以，在两人如胶似漆之前，你最好全方位地了解你们的这段感情。问问你的朋友，看看平时的一些小事会不会其实是很棘手而严重的问题。然后，要么调整爱情之船的航速，要么看清这是一艘迟早都要沉没的船，不值得你再继续投入。

下面提到的，都是常见的红色警报。如果你看到了其中任何一种，就要小心对待了。

**"哦，那行啊！"** 你的另一半是不是很能说服他人？你是不是发现自己总是在妥协？你是不是一次又一次地对社交活动、家庭聚会，或者任何一个自己疲于应付的场合说（或是大声，或是自言自语）："哦，那行啊。"是不是你要是不退让，另一半就会声泪俱下，苦苦哀求你？你是不是对另一方的示弱毫无招架之力？这些都是红色警报！倘若你不能拒绝，或者不大吵一架对方就不接受你的拒绝，那么，你就踏上了一条不归路，你会疲惫不堪，心生哀怨，然而却无能为力。要么学会说"不"，要么用其他方式来表达自己的不满，要么早早看清你们俩并不适合共度一生。

　　前面一章提到了一些委婉的拒绝方式。在你做出尝试之后，要心平气和地坚持己见。尤其在对方因此而提出散心或者发脾气的时候。如果你总是失败而归，或是你若不退让对方就不依不饶，那么红色警报又拉响了。

　　当然，你也要保证，如果你的另一半我行我素地做了以上那些事，你不会有过激行为或是刻意忽略他的举动。这让我想起了下一个红色警报……

　　**"这有什么意义呢？"** 感觉自己被无视了？另一半似乎总有忙不完的事情？和一群人一起玩的时候，得不到足够的关注？有时为了和对方独处，你还得恳求一番？是不是想着既然总是自己照顾自己，恋爱还有什么意义？这一切的一切，都是因为你们不合适，而不是对方的需求不合理，或是你就一定有道理。每个人都有自己的需求，也都希望自己的需求能够得到满足。你希望你的需求能得到尊重，对方也是。所以，如果另一半对社交的需求远远超出了你的接受范围——或者太过安静，比你更深地陷在自己的世界里不愿出来——你总觉得自己在这段感情中没有得到回应，那么你首先要做的就是和对方坦诚地谈一谈。倘若一切都无济于事，两人都束手无策，那么也许最好的办法就是让关系止于友情。

**"有什么更好的提议吗？"** 当别人让我们去做某些事情时，即使我们内心并不乐意，我们也经常会告诉自己，或者对方是在暗示你——"其实，你没有更好的选择了……"有时候情况的确如此，但是有时候，你的确有更好的选择，而那就是什么都不做。

一直以来，心理学家都认为内向的人是缺失了外向性格。他们对内向性格进行评分，如果一个人得分很低，那么就归属于内向一类。这使得人们对内向的理解处在一个负面的阶段，认为内向者的事情实际上都不是什么大事。我们必须让自己以及他人跳出这种惯性思维。我们要正视内向者把什么都不做（读书，或者独自工作，总之任何我们用来自我充电的事情）当作活动，那实际上也是我们的一种社交方式。如果你本打算在家里穿着宽松的家居服，但总是因为这样或那样的原因不得不盛装出席一些活动，那么你就是无视了自己的内心需求，给自己找了很多麻烦。

**"试一试，你会喜欢的！"** 首先说说这个免责声明：尝试新鲜事物能带来无穷乐趣。这种认知让我们积极与周围的世界产生联系，推着我们走出自己的舒适空间，让我们成长起来。

也就是说，等我们到了一定的年纪之后，对于乐趣和痛苦就有了自己的判断。例如，我很喜欢瑜伽，热衷于参加形形色色的瑜伽班。但是，无论别人如何推崇，有一种瑜伽我是绝对不会尝试的——那就是大笑瑜伽。真的，我一点都不感兴趣。因为我不喜欢。你可以说我心胸狭窄，或是认为我过于固执，但不要告诉我，我不了解自己的心思。

如果你周围总有个人想让你做你不喜欢的事情，那么这个人可能不懂得如何尊重他人。这确实不是内向者才会遇到的问题，但因为我们听过太多的评论，说内向性格并不好，我们被迫去质疑，甚至忽视自己的喜好。而这一切，最终会导致我们习惯于听信他人的话语，人家说什么就是什么。倘若有的事情确实真的毫无乐趣可言，那么你完全有权利拒绝。

所以，只要我们坚持自己的喜好，去做我们内心认为有趣的事情，去经历我们需要的成长，那么我们就可以毫无顾忌地回答"不，我不喜欢那样"，然后不再纠结不已。不管你的闺蜜还是好兄弟如何劝你哪怕试一试也好……

**"三人成行。"** 恋爱时，你是不是得到了足够的二人世界的甜蜜？你爱上的那个外向的他是否一直与你形影不离？爱情和友情并不对立，没有人选择了爱情，就必须要和朋友们分道扬镳。只是，很多时候，你也许希望你的心上人和你一样享受安安静静的相互陪伴。若是两人相处时，总不可避免地有第三个人存在，那么你们俩最好谈一谈。若是另一方指责你孤僻不合群，是个怪胎，那么对于这种人，赶快避而远之。

另一种情况就是，有第三个人随行的时候，你和另一半会相处得更加自然。如果你觉得自己总是哪里欠缺了什么，而且多个人陪着能缓解自己的压力，那么你无疑是太过妄自菲薄了。或者你总想依赖他人，但那些人可能没法让你看到最好的自己。若你总是畏畏缩缩，又如何收获亲密无间的爱情呢？

**"你刚刚说什么？"** 内向者善于倾听，并以此为荣。我们字句斟酌，说出口的每一句话都是有理由的。我很欣赏内向者的这两个品质，不过我也发现，自己因为这两点而在一段感情当中，一直扮演着倾听者的角色。但是我身上也有一个我不那么欣赏的特点，那就是我总是自以为是。所以，当看到他人遇到问题时，我会以自己的方式去接触他们。可是，我总是碰钉子，另一半不太愿意听我的看法。这时我意识到我们之间的感情出现了问题，因为我自以为是地以为别人跟我一样需要被倾听。然后呢，我变得愤愤不平，责怪对方。结果也只是两败俱伤。

但事实上，当我内心有所需求时，我会逼迫自己开口。这不完全和内向有关——而是我的个性和所有经历的结合体——但是和很多内向者一样，因为我的舒适空间就是倾听，我很容易陷入倾听的泥潭，并对此沾沾自喜。这对我，对周围的每个人，包括我的丈夫来说，都是不公平的，因为我不能总是要求他们来猜自己的心思。所以，如果有下次，当你认为把话都埋在心里对两人的情感有好处时，请三思。

**"一切都挺好的。"** 我们将在后面的章节就冲突和矛盾进行更详尽的讨论。现在我们来谈谈，如果两个同样小心谨慎的内向者走到了一起，他们时时刻刻注意回避冲突和争吵，那么他们的关系看起来会十分和睦，但是，这样如履薄冰的感情注定是脆弱的。没有完美的恋爱，也没有不争吵的情侣。倘若恋人之间从未有过任何冲突，这样的感情并不真实。恋爱专家约翰·高特曼（John Gottman）通过观察夫妻处理冲突的方式对婚姻进行了深入研究。如果双方能妥善处理冲突，两人的感情就会细水长流。如果双方处理不好，约翰则会预计两人迟早会分道扬镳。所以，一味地回避冲突并不是个好现象。

**"不要费那个心了。"** 到目前为止，我们已经讨论了很多外向者的一些行为，比如总是劝你去尝试你并不愿意去做的事情。但是，在内向与内向搭配的感情里，危机很可能源自于去做计划之外的事情。而我本人，就在自己的婚姻里经历过这样的危机。当我和先生遇到某些很有意思，内心都很想去尝试一番的事情时，我们俩都会止步不前，期望对方主动一点，拉着自己过去。我们总是相互问对方："你有多想去尝试一下？"
若是另一方并没有欣然应下，跃跃欲试，那么这样的事情多半
会无疾而终。

那么问题出在哪里呢？倘若两人都没什么兴趣，又何必自
寻烦恼？可是，很多时候，情况并非如此。有时候第二天醒来，
我们会心血来潮，想出门尝试一些事情，但是我们俩都很难掌
控自己的惰性，于是那股激情就这么随风而逝了。如果你发现
自己总是要对方打破常规，过不一样的生活，但是到头来又后
悔不已的话，那么你就显露出内向性格最恶劣的一面。

**"快跑！快跑！"** 这可不仅仅是个红色警报。我采访过
的很多内向者都表示，他们很少会主动向他人表白。这么说吧，
自恋的人都是高傲的，他们等着别人迷恋上自己。而内向者很
多时候都是被动的，不会主动去追求心上人。所以，对于内向
者而言，了解自恋者的红色警报十分重要。你一定要当心这些
人：他们相当自我，认为自己是独特的少数派，只有同样特别
的人才会看懂自己；他们沉醉在功成名就的光环之下；他们希
望世界时刻绕着自己运转，并把自己打扮成世人艳羡的对象。
如果你新交往的对象有以上任何一点迹象，那么你就要三思而
后行了。当然了，这些并不只是外向者可能会有的习惯。那个
喜欢坐在角落里，热衷于对他人评头论足的内向者，也是另一

种自恋的体现，只是没那么咄咄逼人罢了。所以，倘若你遇上了一个让你神魂颠倒的人，一定要冷静，要透过爱情那绚丽的光环，看到对方的全貌，不要被爱情冲昏了头脑。

# 第三部分
## PART THREE

❤ 内向性格者通往幸福婚姻的阶梯
*The Quiet Way to Happily Ever After*

从约会到恋爱
*From Dating to a Relationship*

❤
## 我爱你，但请不要一直打电话给我，好吗？

恋爱中的沟通

很多两性专家和咨询师都会提到，沟通是两人情感的基石。也就是说，要学会表达自己的需求，并妥善地谈论两人之间的问题。但是呢，如今的生活充斥着各种电话、短信和邮件，我们随时随地都能和另一方取得联系。这样一来，沟通本身就成了一件很重要的事情——对一段感情来说尤其如此。为了避免以后出现这样或那样的误解，两人最好一开始就表明自己对沟通的需求和习惯。

另外，我发现很多内向者并不喜欢，甚至会深深厌恶和恋人煲电话粥。对于这种偏好，众说纷纭。很多人认为，如果不喜欢和某人打电话，这就是一种心理上的拒绝，说明自己不喜欢电话那头的人，拒绝电话就是拒绝沟通。而事实并非如此。

很多内向的人只是觉得通过电话，很难表达清楚自己的意思，所以他们更愿意通过除了电话之外的任何方式跟对方沟通。

我有个内向朋友的妻子就是典型的外向性格。他抱怨说，自己的妻子离开家门后，每五分钟就要给自己打个电话。他在博客评论区写道："我还能不能有自己独处的时间了！"后来，一位女性朋友回复了他的评论，说她和现在这位外向的丈夫在谈恋爱的时候，对方每天会给她打上五个电话，这简直要把她逼疯了。

香农是一位 34 岁的航班护理医师，暂时单身。他表示，对他来说，如果恋人总是打电话找他，这无疑是让他们的感情走进坟墓的最快方式。"这会让我觉得她太依赖人，不信任我。于我而言，这就是个红色警报，必须远离。"

德鲁也因为女友对电话的期待而苦恼不已。他说："要是我哪天没跟她打电话，只是发了发短信，那我晚上睡觉的时候就会担心，她会不会因此而火冒三丈呢？"

电话的确是一个很大的沟通问题，但是，除此之外，我们还有很多很多能让对方神经紧张的沟通习惯。东尼很努力地，尽量耐心地对待再婚的妻子，因为她总是在他上班时打各种电话过来。他说："她知道我必须去公司上班，可是同时，她要是发现我在电话里不怎么说话，就会闷闷不乐。上班时的电话我都说得不多，因为我想把事情留到下班回到家再当面说。不然白天把话都说得差不多了，回到家没话找话，她又要发一通脾气了。"

不仅如此，他还提到他的妻子特别爱发短信，而且一整天没完没了，要他时时汇报自己的行踪。"这样的短信还比较好应付，比起打电话，我还能把握一下节奏，想想怎么回过去。可是有时候，比如她在短信里跟我说家里的猫做了件什么事情，我绞尽脑汁也只能打出'LOL！'（大笑），这真是让人身心俱疲。"

我和先生也曾为沟通方式而苦恼。考虑到他的习惯，我不怎么跟他打电话，而是发短信或者邮件。对此他还比较能接受，可是如果我给他发的邮件里多写了几句，他就只看第一句，这让我恼火不已。这种习惯会让他错过很多信息，比如上次，邮件里第二句话提到家里水管坏了，他就没看到。不得已，我给他的邮件越写越短，到现在，我把所有重点都放在一个句子里。然后第二天我就时不时地给他发短信，但他就回复五个字："打电话给我。"

这样看来，他应该更偏好电话沟通，于是我就打过去了。

后来，我们俩坦率地谈了沟通的问题，达成了一个协议：通过邮件和短信交换意见，确定一些计划，然后再通过电话商定最后的决定。两人都退一步，各取所需。

这样也不意味着我们俩就再也没有冲突了。他还是只读我邮件的第一句话，当他觉得打电话更好的时候，我依然会发短信。但是呢，我们已经对此讨论过很多次了，不会因此而吵得面红耳赤。如果出现了什么问题，提一句"嘿，你知道的，我不喜欢那么做"，就够了。

当然，也许你和你的心上人都喜欢你来我往地发短信、写邮件。泰勒和妻子就是这样的人。他说："如果没有收到新信息，我就觉得心里空空的。"其实他心里知道，如果没有短信，两人可能一整天都没什么交流了。布莱特表示，自己和未婚妻每天要发六七封邮件——要么是一些打情骂俏的话，要么就是一些小故事的链接。他说："如果收不到她的邮件，我就会很想很想她。"

唐妮和自己内向的丈夫白天要相互发很多条短信——她并不需要那么多，但是她乐意让丈夫感到高兴。而且，她说如果一方读短信时发现另一方可能因此而不高兴，两人就马上打电话沟通。她说："打电话会明了很多，哪怕是对方没有在短信里写出来的事情。"

若是你的另一半特别需要沟通，而你的需求并没有那么多，也许你们可以商定特定的时间段，在这段时间里你有精力去回复电话或短信。若是你没办法兼顾另一半的电话和自己的工作，那只能怪你的上司要求过高，或者你没法一心多用了。（其实大家都不擅长一心多用，我们的大脑倾向于一心一意地处理事情。）

也许你们俩通过短信聊聊"猜猜那只淘气猫又干了啥"可

以增进两人的感情，但也有可能发短信的那一方实际上只是想和你保持联系。也许你每天花点时间跟另一半打打招呼，他可能就不会总是跟你讨论猫科动物的撒泼了。（或者是你们家小狗的日常。我承认，我就喜欢跟我家先生汇报自家小狗的蠢萌傻事。也许我应该问问他对此有什么看法。）

　　沟通的问题确实并不仅仅发生在打电话、发短信或类似的方式上，两人面对面交流的时候也会有冲突。对此，内向者就显得很迟钝，被对方滔滔不绝的攻势淹没。

　　在东尼的两段婚姻里，他不仅感到很难应付两位前妻的日常沟通，还对她们需要不停地表达自身想法的习惯不知所措。最终，这些闲聊上的分歧日渐变大，成为横亘在两人之间的一条深沟。他说："我会想法子找点话题，或者重复说一些工作上的事。这基本上都是为了让我的前妻们感到高兴。因为她们会觉得，如果我不主动说话，那就是忽略了她们的存在，对她们不感兴趣。有时候要闲扯一些无关痛痒的事情，太折磨人了。我真的对此非常苦恼。"

　　他尝试和第二任妻子讨论过这个问题。他回忆道："她觉得我不想和她聊天，而且抓着这一点不放，还感到非常伤心。我试着解释，告诉她事情不是她想的那样。我只是不是那种为了聊天而聊天的人。我说，若是某天真的发生了一件特别让人激动的事情，我一定会第一个告诉她。我试着解释为什么我们聊天时总有一些尴尬的空白，不管是在电话里，还是面对面的时候。那是因为我要说的都说完了，而不是因为我不想和她说话，或者我不关心她，忽略她。"

后来，因为东尼和两任妻子都没能就沟通问题达成一致，两段婚姻都走到了尽头。也许这并不是主要原因，但是双方无法在不伤害对方感受的前提下消除误解，这绝对是一个不好的征兆——如果谈恋爱的时候，双方沟通就存在问题，这样一来，问题自然就像雪球那样越滚越大。

在这种情况下，求助他人是个明智的选择。我有个朋友，叫卡萝尔·伦诺克斯，住在德克萨斯州的奥斯汀，是一名心理治疗师，曾接触过很多有这类问题的夫妻。在她的办公室里，她进行了类似于迈尔斯-布里格斯性格分类法（Myers-Brigges Test）的小测试。"这个测试不收费，一共有 75 个问题，我会要求一方念给另一方听。"她说，这个测试会在双方心里埋下理解与信任的种子，为具体的解决策略埋下伏笔。比如，同意在两人下班后彼此沟通之前，留出一个小时的自由时间。

鉴于两性关系的复杂性，有时候你只要幽默一点，就能大事化小，小事化无。一位女性写道："我的丈夫是个话匣子，我很爱他。但是，在我准备好好看场电影，读一读书或者睡觉的时候，他还是喜欢东聊西扯，这真的很烦人。然后呢，我们的幽默感就派上用场了。"——我敢打赌，两人肯定是大眼瞪小眼，等火气消了才开口的。

　　当一方喋喋不休，另一方开始神游的时候，我和先生就总是开玩笑说咱们都退到了自己脑子里的"开心地带"。的确，我也知道，我们都希望爱人可以认认真真听自己说的每一句话。但是吧……有时候你只需要一点幽默就好了。只要两个人在大事上能付出百分百的注意力，就原谅对方偶尔走神走到自己的开心地带吧。对待爱人的时候，这个技巧不能滥用（至少要谨慎处理），不过它确实是一个挺好用的策略。

　　现代科技也能给予帮助。当你需要专心工作时，可以关机或者把短信调成自动回复模式。比如当我想认认真真地看一场表演时，先生恰好有很多话要说，我就会按下暂停键。

　　沟通的不协调是会随着时间的流逝和两人的相互了解慢慢得到解决的——当某一方不再渴望时时刻刻保持沟通时，你们俩就会发觉自己不是太冒失了，就是和另一半沟通太少了。但最后你们总会找到折中的方式，皆大欢喜。

　　倘若你还是希望另一半能够在某种程度上适应你的需求，那也要注意，不能太过苛刻了，不然就会感到孤独。一位女性在我的博客里写道，"超级内向"的她爱上了一个外向的男人。因为她并不需要很多交流，所以与对方的沟通让她很是苦恼。尽管她脑子里会一直想着这个男人，她也会一周不与他联系。

　　"刚开始的时候还没有什么，但自从我们俩真的开始无话可说时，问题就出现了。不过随着时间的推移，我们还是能够解决好：他一旦觉得我们太过疏远了，就会立马在其他方面做出努力。"现在，她正尝试每周都和他吃几次饭，聊会儿天，偶尔还发几条浓情蜜意的短信。她说："我会写一些小事情，让他知道我真的很在乎他的感受。"

如果你在决定沟通方式这点上不够积极主动，那么你就会发现你们俩总是为各种小事争吵，甚至在打电话、发短信的时候，怒火就突然一下子冒出来。看起来你们俩是因为某件事而不是因为相处模式生气。但实际上，沟通的内容那么多，也许真正让你火冒三丈的，并不是因为你们正在说的那件事，而是你们说的方式和时间点不对。

♥
# 陪我在沙发上坐一坐可好？
## 安静的欢乐

内向者的欢乐是安安静静的。我们不需要太多的行动，也不需要待在人群当中。有时候，往往是最细小、最零碎的快乐让我们感受到无与伦比的幸福。若是能找到一个同样喜欢安静地消磨时光的人，那将是最幸福的事情。

我和先生约定，每周日都在家附近随意转转——看看报纸，享受早餐，边听歌边做些家务，偶尔整理一下后院，或者是去超市采购日用品，然后做一顿精致的晚餐——这一天的安宁让我们感到满足。

有时周日我们会和朋友们一起烧烤，中途可能会停下来去寻古探幽。我们喜欢出去寻觅美食，有时候会和另一对夫妻一起。去听听音乐会，看场电影，参加户外的节日庆典活动，参观德州博览会，看棒球比赛——这些场合都是人山人海的，可是我们并不需要和他们交流。

我们俩时常没有一个具体的活动安排，有时这里看看，有时那里转转，但是我们喜欢这样的平静生活。平时下班之后，我们喜欢坐在电视机前，享受沙发上的电视派对。每周五晚上，我们一般会出去吃饭，在不同的地方一起共进晚餐，这能让我们忘却工作中的烦恼，享受彼此的陪伴。

内向者有各种各样的办法来过好自己的小日子——或者说，以自己的方式去享受外向者钟爱的活动，但是这并不意味着这些事情是我们的首选。在我们看来，能找到一个同样安静的灵魂共度一生才是最幸福的事情。

丽贝卡和艾德很喜欢一起宅在家，做各自的事情。有时两人会心有灵犀地意识到已经有好几个月没有出门走走了，然后一拍即合，决定一起出门转转。丽贝卡说："即使我们喜欢做的事情互不相干，但我们依然乐在其中。上次出门度假时，我们就在山里租了一间小房子，然后在山间肆意行走，还偶遇了藏在一片翠绿中的小瀑布。我们喜欢一起欣赏小型演唱会，参加观星俱乐部的活动，透过望远镜遨游在浩瀚的星空里。"

谁说内向者不参加聚会？他们俩就和星星有个约定。

梅丽莎说："我们俩都喜欢待在家里看电影。天气不错的时候，会在附近散散步，或者去游泳健身。我们偶尔会一起参加聚会，但是我很少参加他和朋友们的派对。我习惯早睡早起，清晨会在附近跑步，而他却对此毫无兴趣。不过我偶尔还是会拉着他陪我一起跑。"

和内向者约会还有另一个好处：花费不多！

贝丝说："我们俩都喜欢和一两对夫妻一起聚一聚，也喜欢和一群人一起找乐子，像看电影、棒球赛、音乐会之类的。"这就是内向者对越多越好的理解。

对于双方都内向的夫妇而言，找到共同爱好并不是件难事。即使两人的喜好不能完全一致，但只要另一方能够理解，各做各的并不会造成什么不愉快，因为我们一个人也能自得其乐。我们都有这样的需求，所以并不会介意对方这么做。所以呢，不需要解释，没有争吵，不会受伤，也不会感到愧疚。

梅丽莎提道："我并不喜欢玩电脑游戏，但是他有一帮打游戏的兄弟，而我也有很多能一起听音乐会的姐妹。所以我们俩能够找到平衡点，有时一起玩，有时各找各的乐子。"

实际上，这也是一般内向夫妻的真实写照：既能一起，又能分开。不管是夫妻同行也好，还是各做各的也罢，哪怕是待在一起却各忙各的——在同一个屋檐下，甚至是同一个房间里，脑子里操心的却是不同的事情。

我不得不承认一点，那就是我很希望先生能像我一样爱上远足。可是这真的不是他的风格，所以我一般都是独自一人去远足的，或者找个朋友作伴。在我看来，一个人看电影没什么不好的，有时我还挺喜欢独来独往。这样我能够全身心地投入到电影当中，欣赏电影里的对白，体会人物角色的情感，随着情节一起跌宕起伏。若是硬拉着先生坐在边上，我可能就会分心，一直想着他该有多么无聊啊。（其实公平地说，我先生汤姆虽然不喜欢有很多爆炸场景的电影，不过他每次看到黑手党的枪战都会十分激动。）对先生来说，当我心情不好，或者对表演的乐队不感兴趣的时候，他也不会非要带上我，而是一个人去听音乐会。

这里，我必须给大家提个醒：若是两人太过独立，这样的相处方式也会潜移默化地对感情造成负面影响。两人不知不觉地成了两条没有交集的平行线，寻找着各自的快乐和兴趣，忘记了相互陪伴的温馨。当然，时间久了，任何一段感情都有可能变得平淡如水——你可能很清闲，也可能忙得不行，把对方的一切当成理所当然的。这就是生活。但是，对内向者来说，当你发现这个问题的时候，时间可能已经过去了很久。因为我们并不渴望形影不离的陪伴。两人的交集若是越来越少，终有一天会背道而驰。这个时候，内向者的欢乐就成了横亘在两人之间的问题。

纳森·菲尔斯是纽约的一名咨询师。他在"心理中心"网站(Psych Center)有个博客专栏，以"平衡的关系"(*Relationships in Balance*) 为题写了 7 年的文章。他说："找到两性相处的平衡并没有看上去那么简单。我并不是说某人要变得外向一点才能做到，只是两人中必须有一个人得跨出第一步，带着另一个人一同前行。否则，两人的相处可能会失衡，逐渐走向婚姻的坟墓。内向的双方都希望能一直待在自己的舒适区里，希望外界不要干扰自己。"

所以呢，总是推脱所有的群体活动并不是件明智的事，它甚至是你应该去做的事情。有时候，内向者去参加聚会，也能收获满满的欢乐。这有时候是个爱的信号，有时候也是你和聚会主办人的一种交情。所以你需要时不时地走出去，多参加这些活动。

我偶尔也挺喜欢聚会的，尤其是那些规模不大（不会摩肩接踵）也不小（没有任何压力）的聚会。值得高兴的是，汤姆在这点上的想法和我一致，所以我们可以一起参加这些派对，也会一同跟他人告别。有时候玩到一半，我们俩就出来找个地方，或者找个空房间透透气，暂时远离那些喧嚣，然后看看是就这么溜走，还是再回到朋友中间，玩够了一起回家。（我们曾出来一起抽根烟，不过后来我戒烟了。我觉得戒烟的原因在于我只是把这当成逃避一些事情或场合的绝佳借口。）

和我们俩一样，这世上千千万万的内向 - 外向夫妻也有自己的相处方式。他们相濡以沫，尽情地享受外向的欢乐。他们之间有自己的沟通暗号，能判断出对方是否已经尽兴了。

当两人玩得酣畅淋漓时，贝丝和丈夫的暗号就是"我不行了"或者"我没力气了"。这是贝丝想出的点子，因为这么说不会冒犯任何人。她补充道："我们不喜欢找借口，不愿意骗大家。我们会向主人表示感谢，然后优雅地离开。"

和其他夫妻一样，道格的暗号是扬扬眉头，示意对方差不多了。他说："我们俩弄出了一整套的肢体暗号，各种表情，各种手势，帮对方脱离窘境，或者直接说：'我有点不舒服，你能陪我离开吗？'"

道格甚至和自己内向的新娘在自己的婚礼上跑路了。"当时酒过半巡，我们俩都觉得一直被大家注视着太累了，于是就一同躲进厨房，对饮了一小会儿。客人们自己边吃边聊，欢声笑语一片。而我们俩，则享受了一段安静的美好时光，逃离了一大群亲戚的热情关照。"

作为一名内向者，你很有可能在某个点被人指责扫了大家的兴致。所以，找个和你同样会这么做的伴侣是件很不错的事情。对于你们俩而言，聚会不是一件必需的事。因为能够遇上同样内向的灵魂，一同享受安宁的时光，这已经是很幸福的事了。但如果能有那么一个人，在你想闹的时候带你疯，想安静的时候陪你看星星，那就真是太令人羡慕了。

贝丝总结说："在过去的这15年里，我们俩一起参加了成百上千的聚会，像是各种音乐会、接待会、慈善会、联欢会、节日庆典等等。我们俩已经很有默契，可以玩得很开心。而这很大程度上是因为我们知道，聚会最棒的地方，就是我们终将回到家里，享受安静的二人世界。"

## ♥ 欧耶！外向的狂欢
### 跟上派对女王的节奏

一般来说，我们都知道外向者的喜好：人群——越多越好——永远都不嫌吵闹。他们热衷于聚会，喜欢喧嚣和热闹；喜欢四处玩乐；喜欢很多让内向者应接不暇的事情。

如果你的另一半是一名外向者，那么你可能会很想知道怎样才能让对方的精力得以释放。有的人的确喜欢出门转转，但并不想把精力放在寻找聚会，或者独自在聚会上消磨时光。这并没有什么不好，对此你完全不用避讳。谁不想成为大伙羡慕的对象，并且感觉自己被需要呢？（或多或少，都会如此。被需要是件好事，但腻歪可就另当别论了。）

举个例子，拉梅尔就是个相当热衷于聚会的活跃分子。但是他更喜欢和善于社交的妻子同行。和不太熟悉的人一起闲聊时，他妻子能很好地把握该聊些什么。对拉梅尔这位艺术家来说，参加艺术展的开幕式本是自己工作的一部分，但他发现妻子在社交上的天赋可以帮他处理很多事情。他说："她很善于社交，在人群里游刃有余。而我就不擅长这个。有时候她陪我出席一些场合，完全是因为我需要她的帮助。"

可以这么说，内向者有时候很依赖能言善道的外向伴侣。但并不是所有外向者都乐于这么做。布莱特的未婚妻就是很典型的外向性格，他说："她很迷恋我的内向，但是当我们处在一群人当中时，她就不喜欢我的沉默寡言了。她总希望我能像她那样，走出自己的小房子，融入一群人当中。当然了，我们并不会为此争吵，不过我看得出她挺失望的。"

对南希而言，她知道苏珊有时也希望两人能够同样积极地应对聚会。她说："我们俩也有关系紧张的时候，一个原因在于我不是那么热衷于聚会，哪怕我已经到了门外了，我脑子里还会想着要不回去算了。而她则会很兴奋，觉得放松玩乐的时刻到了。"

但是，我们的爱人总会学着适应我们的内向，而我们也会努力跟上他们外向的步伐。有时你只需要冲动一点，下定决心，跟着过去，面带微笑地和大家聊上几句。

道格说："我妻子曾经在一家大型公司上班，每年他们的圣诞聚会对我来说就好像一场噩梦。我会陪她去，可是，我一个工程师，淹没在成千上万的商人里，那种感觉真的不好受。

但是，我知道在那儿的四个小时里怎样像模范丈夫一样和妻子一起应对她的同事和客户。因为我的表现对她来说也很重要。"

这就是正确的态度。不过现在道格对妻子公司的聚会丝毫不会觉得不自在，因为现在这个公司小了一点，节日聚会只邀请员工参加。

这阵子，道格夫妻最爱做的事情，就是看他们的三个儿子在俄亥俄州立军乐队里表演。两人的姻缘正是始于这个乐队。这三个小伙子和他们的老爸一样，都是吹长号的。道格感叹道："我等不及要和我的孩子们一起在校友会上一起演奏了。"他说这话的时候，眼睛里放出闪亮的光芒，太让人向往了。

除此之外，尽管我们会发发牢骚，不情不愿地挪着脚步出门，但我们偶尔也会发现融入外向者的欢乐世界也可以是乐趣无穷的事情，我们要做的就是带着开放的心态去迎接一切。

劳拉的男友是个很容易冲动的外向者。她说："他脾气火爆，就是个火人。"她说了很多男友的事情。火人节是沙漠里的一个为期好几天的反传统狂欢节，带点行为艺术，不受限制，也不那么大众化。"一想到这个我就有点害怕，很想找个角落躲起来。"她说。她曾和男友参加了一个万圣节的化装舞会（一想到要参加这种活动就开始焦虑），结果是两人玩得特别开心。她说："他打扮成了蓝衣警察，我则是他的小跟班。我们在威尼斯海滩上参加了这个狂欢派对，穿梭在身着各种奇装异服的人群当中。音乐很劲爆，我不用和别人聊天，只是观察着周围的人，然后享受这样的聚会。"

走出自己的舒适空间也是有好处的。有时候有利于你的身心健康，能让你欢欣鼓舞起来，对两人的感情也有帮助。尤其是当你外向的另一半真心实意地尊重你，爱护你，容忍你的内向性格的时候。我个人并不介意别人认为我"不善社交，行为拘谨"，我的意思是，只要对方想着"我知道你并不喜欢这个，但是我知道怎么让你更容易去接受这一切"就可以了。

克丽丝汀的丈夫就有点"社交缺陷"，他很乐意带着她参加各种外向者的社交场合。他不得不和各种各样的人致意、握手、寒暄，不过他总会照顾她的感受。克丽丝汀说："他知道我不喜欢被晾在一边，所以总会带着我一起，不会对我不管不顾。我们俩现在很有默契，只要我看他一眼，他就知道我是不是想离开了。"

是的，又是这种"看一眼"。如果你们俩还没有想过类似的暗语，最好商量一下。这是属于你们俩的心有灵犀。一个手指的动作，或者一句委婉的"玩得太开心了，我该回家啦"。

倘若两人未能达成一致，你外向的另一半还意犹未尽，那么该怎么做呢？我想，也许你们可以在之前就开自己的车来参加聚会。当然了，这不是最好的办法。所以，为了爱，为了对方，有时候你要再忍耐一会儿。尝试控制自己的情绪，或者在洗手间缓一缓。然后呢，可以跟自己说，下次若是你觉得玩够了，该走了，就轮到对方为你妥协让步了。

　　当然了，和外向者一起的欢乐并不都是做一些外向者喜欢的事情。你也希望另一半能享受和你在一起时的安静。电影、音乐、旅行，和几个朋友聚聚，这些对双方来说，都是很惬意的活动。有时候你也许要稍微调整一下自己，照顾一下外向伴侣的感受。伊丽莎白很喜欢远足，但她的女友就没什么兴趣。所以若是要去很远的地方，伊丽莎白就会拉上志同道合的朋友，但如果只在附近的公园逛逛，就会邀请女友一起。她说："我们都挺开心的。她觉得我能认识那么多种鸟，是一件很了不起的事情。"

　　而且，有时候有个外向的伴侣能让你感受到内向的另一种乐趣。伊丽莎白有次和女友一起参观一个艺术博物馆，看到了一座很特别的雕塑，可是她并不是很懂这件作品的含义。两人看着想了很久，正当她准备放弃的时候，她的外向女友却坚持要去博物馆的前台问个究竟。伊丽莎白回忆道："前台的那位女士给了我们一本小册子，里面涵盖了对里里外外所有艺术品的介绍。我当时已经接受了现实，觉得自己永远看不懂雕塑艺术。因为我不想沉浸在自己的世界里，让她感到不快。但是我的女友完全没有觉得不舒服，我真的很欣赏她的这一点。"

　　很多内向者表示，他们的外向伴侣最爱的一项安静活动，就是前面我提到过的沙发派对——两人穿着松松垮垮的家居服，在茶几上摆满零食，然后一起看看电视。几乎所有的外向者都会沦陷到这个派对当中，即使他们自己并没有意识到，或是不愿意承认。我们擅长管理自己的精力，但外向者对此并不那么有经验，因为他们不必那么做。他们玩得越开心，就越兴奋，越精力充沛，直到自己突然就玩不动了。他们自己可能意识不到这一点，也许你能提早告知他们。他们的眼神可能会黯淡下去，对你的提议磨磨蹭蹭，不愿和你一同离开。这个时候，你就要直接一点，坚定一点，抓住他们的胳膊，把他们从舞池里拽出来。

南希提到自己忙碌的妻子时说道："周末的时候，如果她想穿着睡衣，抱着爆米花，窝在沙发里看一整天的电视，我会跟她说：'哦，亲爱的，没关系的。'我知道，为了她的心理健康，她需要这样的肯定和支持。她平时太忙了。"

南希也明白尽管她妻子经常会兴高采烈地说起他们要做的事，要去的地方，要见的人。尽管南希很好说话，也很有耐心，但这些想法大多数都是无疾而终的。她说："她乐此不疲，因为她的乐趣就在于讨论这些事情。"至于要不要把想法付诸实践，就看她怎么选了，而南希都可以接受。

当然了，如果你们俩总是对活动有分歧，那就总有一方会说"你先去吧，我今天晚上只想窝在家里"，以各自玩乐的方式相处。有的夫妻并不总是出双入对，他们会追寻自己的兴趣爱好，尽量避免因为意见不同而产生争吵。而作为内向者，你要做的就是让外向的另一半对你放心，让他能无牵挂地出门，而且你要真心实意地表达你对独处的需要。不要唉声叹气，在一旁嘟嘟哝哝，或者轻轻抽泣，也不要每十分钟就发个短信，或者像个受气包那样无理取闹。我并不是说你会这么做，但是我只是希望万一你有这样做的势头，能够及时打住。若是你没办法放手让外向的另一半独自参加聚会，那么你就不适合和他共度一生。也许，一个内向者才是你更好的归宿。

反过来说，外向者也应该这么想。如果你不能接受夫妻各做各的事情，或者发现自己总是不得不一个人找乐子，那么你们俩也该好好聊一聊了。因为，若是两人没办法分享彼此的乐趣，两人之间就会慢慢长出不满的荆棘。到那时候，可真的是件痛苦而无奈的事情了。

## ❤ 当你尽兴而归时，我已筋疲力尽

### 内向夫妻心中的那杆秤：合群 VS 孤独？

你的生活里社交丰富吗？是否太过频繁呢？你的另一半对社交的需求和你同步吗？

当我问艾德有没有发现，自己和同样内向的妻子现在的生活太过远离人群了？有时候会不会感到有些孤独？他似乎有点迷惑。他说："我不太能理解你这个问题。我们只是选择了我们俩都很喜欢的社交方式。我们有自己的好朋友，有可以走访的亲人，我们只不过是不经常串门而已。"

艾德和丽贝卡就是在宁静中自得其乐的内向者。

尽管雅顿和丈夫都是内向者，但相比起来她更加乐于社交。她先生愿意每个月陪她出去几次，有时她则拉上几个朋友出门聚聚。有时候，雅顿也邀请朋友们来自己家吃饭，她先生也会情不自禁地加入这样的聚会。这对他俩而言，就是挺和谐的一种相处方式。

安妮的丈夫对家庭聚会感到很心烦，因此安妮不得不做出妥协。她说："因为在我的家庭聚会上，他必须微笑着应对所有的亲戚。"对此，两人一直争执不断，直到安妮决定，以后的聚会不强求他一同前往。她补充说："我只能嫁鸡随鸡，嫁狗随狗了。"安妮已经尽力了——在这样的情况下，这是最好的办法。只要不心生嫌隙，这么做也无妨。

当命中注定的内向者走到一起时，他们俩的世界就只剩下两个人。有时候这挺幸福的，但是，有的时候，太过远离人群，会让某一方感到孤独，甚至于两人会因为太过沉浸在自己的世界里，而忽视了另一方的陪伴。

从某种程度上说，如果其中一方比伴侣更加内向，那么两人对社交这方面的讨论就和内向 - 外向的夫妻一样了：到底是给予还是索取，至少在一些基本的原则上，不会有很大的区别。

我和先生刚开始恋爱时，我们俩就有过很多类似的协商。他比我更加内向，所以我们俩都同意，除非一些特殊的邀请，我们俩不必非得一同参与各种社交场合。我们也不会强求另一方陪自己去参加任何活动，但是当我们真心希望对方陪同时，就会说一句"这个对我来说很重要"。

现如今，我在家工作，有大把的独处时间，而我先生的生意则要求他每天与形形色色的人打交道。我们都想办法处理双方对社交的需求，保证他不会因为工作中的交流而心力交瘁，而我也不会因为成天一个人蹲在家而郁郁寡欢。这是一个过程，但是我尽量和朋友们保持固定的联系，和他们一起逛街，周末也会出门转转。

有的时候，如果你的内向伴侣和自己对社交的需求同步，那么你们俩的生活就会更加平顺。内向者知道，一个人宅在家里并不奇怪。这对我们来说，是完全可以接受，甚至是必需的。所以当一方就想蹲在家里不出门时，大家都能相安无事。当我和先生单独参加某个聚会时，我们也很善于为另一方的不在场开脱。实际上，我们俩的好友都习惯了我们并不总是形影不离，他们知道我们的相处模式。

内向者很清楚社交带来的那种不适感觉。道格说："她知道我对聚会的想法，当我想离开时，她总能发觉我的不自在。她和我一样，对充斥着陌生人的聚会不感兴趣。"

有的内向者会中途偷偷溜到稍微安静一点的地方，跟对方确认两人是否都玩得开心。如果你今晚玩够了，另一方完全能够理解。他们知道你一旦觉得够了，那就的确可以收场了。

朱丽叶跟我说起了一个故事。她和男友乔迁新居时，有三五个好友过来祝贺。他们几个人晚上一起玩得很开心，第二天早上还共进早餐，然后在新家里玩得不亦乐乎。好几个小时过去了，朱丽叶和男友相视苦笑，都不知道朋友们是不是不想走了。终于，终于大家决定去看场电影，然后一群人就这么浩浩荡荡地奔电影院去了。朱丽叶说："他们一走，我们俩就瘫在沙发上了。男友问我：'怎么会有人这么能玩？他们总这样天天一起找乐子吗？'那天，我们俩就安安静静地做自己的事情，享受剩余的闲暇时光。"

啊，是的。内向的我们懂得，当两人无话可说时，沉默是金。这是必需的，也是巨大的精神放松。我的工作使得我有时必须和一群人一起出差好几天，当我回到家里的时候，我先生就知道要给我预留出大段的独处时间，让我从几天的差旅中恢复过来。我们俩一起出门旅游一阵子后，我也会发现先生需要回到自己的舒适空间里安静一下。很难想象有人会对我感到厌倦，但生活就是如此。第一次我发现先生需要独处充电的时候，我十分伤心。但是现在回想起来，我觉得这并没有什么不好的。形影不离很浪漫——但总有筋疲力尽的时候。

内向的夫妻也有一本难念的经——你们俩都有去社交的冲动，但是又缺乏实际的社交技巧。朱丽叶说："我总是提议去参加聚会或者和大伙儿一起玩，可是我们俩都不善于社交，所以到头来，还是两个人坐在一个角落里，没办法融入人群。"倘若是这种情况经常出现，那么为何不自己举办一个聚会呢？邀请你们熟悉的朋友来聚一聚，这样一来，你不会感到不自在，又能待在自己的舒适空间里。

当两人相互考虑对方的内向性格时，我们也要谨记一点：太过内向会迷失在自己的世界里，过于不合群和太多的孤独可能会导致恶性循环。对内向者来说，孤独利于深思，但这样的思考很容易转变成冥想。而且现在已经证实，太频繁和太深入的冥想会让人感到抑郁，至少会导致性格孤僻。贝丝说："刚开始恋爱的时候，我们俩就发现如果我们太久不参加社交活动，我们就会因为一些芝麻绿豆的小事变得焦躁易怒。我们可以整天待在家里，什么也不做，谁也不见。"

所以，你必须偶尔拉着另一半出门。贝丝和她先生有个挺有意思的解决办法：为了不至于成为不合群的人，他们会"绑架"对方。"绑匪"负责挑选一个活动，然后接受邀请，安排好一切，而另一方对此毫不知情。贝丝说："当我们俩这样做的时候，就不会那么频繁地打退堂鼓了。"

太过沉浸于内向中还有另一个坏处：这可能会让你广阔的社交网一步步离你而去。没有大事发生的时候，你不会注意到这一点。但是生活就是这么复杂，你完全不知道下一个路口会出现什么。事情会接踵而来，你也不知道什么时候会需要朋友的帮助。所以，不要错过与你关心的人进行沟通的机会。他们其实可以理解你需要独处的习惯，但如果你不做出努力的话，你可能会与他们渐行渐远。而当你某天突然需要朋友的支持时，却发现自己无能为力，已经回不到以前。人是群居性的生物，我们不可能一直独处。内向者亦然。当然，这都是人之常情。

♥

## 我喜欢相互的陪伴，多一个会让我头痛，
## 再多一个，我就要躲起来了
### 如何处理外向伴侣对热闹的需求

需要喧嚣，喜欢人群，这就是外向者的特点，而我们却爱上了这样的人。很多时候，他们都能轻易地和周围的人打成一片，这个优点让人钦佩，而且益处多多。但是呢，有时候……只是有时候会……

一位女士在我的博客里留言道："我很内向，而我的丈夫很外向。最近我们俩就一件事达成了协议。他答应我当我们开车经过附近的街道时，不再把车窗摇下来和过往的熟人打招呼了。我知道这听上去挺疯狂的，但他的这种热情要把我逼疯了。我们俩出门的时候，他会完全放开自己的外向性格，在街边随意晃荡，就为了找个人搭讪。而我脑子里只想着快点到那个杂货店。"

南希说："为了和别人聊上天，她能够和商店的导购没完没了地拉家常。这有时挺有趣的，但有时我站在一边都要结蜘蛛网了，她还不想离开。"

而克莉丝汀的外向丈夫会"和遇上的每个人都聊上几句"。她说："有时候我挺尴尬的——真的，咱们能不能就只是去商店买些必需品，你能不能不要一路叽叽喳喳地说个不停？"

内向的我们并不是反感外向者的沟通天赋，因为有时候我们恰恰就是需要这样的热情。因为工作原因搬到新家时，泰勒善于社交的妻子就帮着解决了很多初来乍到的困难。因为在这个镇上，他们谁都不认识。而泰勒承认，自己的问题就是总是待在家里，这对他来说没有什么好处。他说："那么做会让很多事情失控，然后开始恶性循环。"幸运的是，他妻子及时把他从这个循环里拉了出来，带着他参加这样那样的聚会，让他走出家门，和周围的邻居打打交道。

南希也发觉自己妻子的外向性格能帮助她变得合群。她说："我的社交生活全依赖她了，完完全全的。她经常邀请朋友一起聚一聚，这可比我孤零零地待着要好多了。我很高兴她能这么做，因为总是沉浸在自己的内向世界里，对我来说并不健康。"

如果你发现自己已经远离人群，不想再这么孤独下去，那么有一个外向的伴侣陪你过日子会是一件很惬意的事情，因为他们能帮你和外界保持一定的联系。

但是呢，也有一些内向者把社交当成一种爱的表达方式，而不是因为他们喜爱或需要社交。布莱特的未婚妻比他更喜欢和一群人一起狂欢。

他说："我愿意一辈子不参加任何社交活动。任何与他人打交道的场合都不适合我。这并不是说我对此感到痛苦或是什么，只是我没办法喜欢上那种喧嚣。相比起来，我比较冷漠。若是让我和一群人待上一阵子，那必须是出于某种目的。为了聚会而聚会在我看来就是浪费时间。"但是，自从两人相爱后，他的未婚妻慢慢变成了一个总是在家里消遣的人，不过她仍然喜欢和朋友们聚会。如果她表示希望他能一同参加，布莱特也会同意。不过有时候，尽管她知道布莱特可能不太愿意，但还是会表示希望他能来。

对于性格不同的夫妻来说，婚姻甜蜜的秘诀在于找到平衡，既不让内向的那方筋疲力尽，又让外向的那方有一定的自由，不会觉得自己被困在家里，因为从不参加任何活动而闷闷不乐。因为即使我们心里能理解并尊重对方的需求，在现实生活中也很难做到平衡。这使得两人要学会在给予和索取中找到平衡点，反复尝试，灵活变通，既要尊重自己的意愿，偶尔也要为了对方牺牲一下。

做到这一点有很多种办法。你们可以约定这周末出门，下周待家里，或者平时在家，周末出门。你可以同意举办一些派对，但是限制参加聚会的人数。因为也许这个圈子里的朋友很好相处，而另一个圈子的朋友会让你招架不住。苏珊有个朋友，对南希颇有怨言。南希说："苏珊会说'我只是和她一起喝杯咖啡'，然后我说没问题。苏珊真的很看重这段友谊，但是有时候，她会抱怨说'好啦，这真的是无法拒绝的邀请'我就懂了。"

请记住（并且提醒你的外向伴侣）这一点：若是拒绝某个朋友后，两人依然能谈笑风生，这样的社交才会让你觉得更加自在。当你知道自己能够在玩够了的时候从容离开，你就更愿意参加这些聚会。

有时候，当你静静地坐在一旁时，你的外向伴侣会坐立不安。也许你们俩可以商量着出去转转，找些两人都喜欢的事情做做。对内向者来说，小型聚会更加合适他们。不过一些人山人海的场合——例如体育比赛或者街头集市等等，对于两人来说都会更加自在，因为你不必非得和周围的人聊天。和几个好友聚聚比结识新朋友更加让人感到轻松，而且和朋友们共进晚餐也是很惬意的事情。

也许不久之后，你会发现其实聚会规模越大，越是有意思。这让我们有足够的时间准备，精心打扮，满心期待。这对我们的精力管理来说也很重要，因为这能让我们好好计划自己的生活，为即将到来的社交活动积蓄精力，过后也有足够的时间恢复过来。

当然，准备时间太久也会让我们想着计划到底什么时候才能够实现。有时还会后悔当初怎么就答应了下来。这就是生活。有时候，当那一刻真的到来时，你只需要鼓起勇气，好好享受一切。如果你一直在试着跟上伴侣的步伐，处处为他考虑，从不催促，可是，当你做好了各种准备的时候，布莱尼却说："我知道这都在我们的计划当中，但是我现在没有那股子冲动了。如果我说不去的话，你会介意吗？"

也许你会劝着外向的另一半和你一同半途而废。泰勒就曾让妻子放慢节奏，指出她的社交活动太过频繁。他说："我觉得我帮她找回了生活的平衡。我认为她的错误就在于，答应所有聚会和朋友的邀请。她的字典里就从来没有一个人待在家里的这种说法。"

外向者也需要安静的时间，需要和心上人静静地过一过二人世界，只是他们需要你的提醒罢了。

♥
## 别担心，一切有外向的他！
### 外向伴侣会帮你轻松应对各种社交场合

　　虽然外向者的社交技巧以及对人群的亲和度，有时候会让你觉得受不了，但是很多时候他们却能把你拉出窘境。多亏了那些善于察言观色、拯救我们于水火之中的外向者们！正是这些可爱的人儿，看到我们想要脱身之时，会不着痕迹地帮我们找个借口；接收到我们准备离场的暗示时，然后从容地和对方说再见；知道我们需要独处时，会说"别担心，一切有我呢，你就安心待在家里吧"；遇到不懂风情的人时，会及时站出来帮我们应付所有的交流。

　　那些心思细腻的外向者，就是这样一步步地走进了我们的心里。而且随着我们的感情一点点加深，他们会变得越来越擅长帮我们脱离困境。你完全可以跟他坦诚相待，告诉他你的惧怕、你的紧张和你的不快，让他理解你的底线，两人一同商量如何应对各种各样的社交活动。然后，你可以利用他在社交上的优势帮你遮风挡雨，确保两人都能在聚会上各取所需。

例如，在公司的野外午餐会之前，伊丽莎白的女友甚至会直接和自己的上司说明伊丽莎白的内向。伊丽莎白说："她跟上司说，如果我安安静静地坐着，也不用担心，虽然我看上去可能没什么表情，但心里其实很开心。尽管我一个人坐在草丛里，周围都是她的同事，但是我觉得很放松，而且也不必非得和他们聊上几句。那次我的确玩得很开心。"

泰勒妻子的亲友庆祝生日时总是热闹非凡。为此，他妻子会帮他应付一切。泰勒说："大家齐聚一堂，差不多有 20 个人，一想到这个我就头大。所以她会去和爸妈说，我喜欢安静，因此我的生日不会举行类似的宴会，只要我们俩一同庆祝就足够了。她理解我的感受，还帮我扫清了很多令我头痛的事。"

心思细腻的外向伴侣还能注意到在人群中的你是否需要他们的协助，看到你筋疲力尽的时候，会给你一个坚实的肩膀去依靠。

布莱特说："杰米能一眼看出我是否玩够了。她说，当我兴高采烈的时候，眼睛会闪闪发亮。若是我玩够了，那种光亮就会消失，变得冷清。这时，她就知道该帮我开脱，带我回家了。"

如果你们俩已经商量好了，那么外向的另一半看到你中途离开也不会大惊小怪。他们看到你无精打采后，不管是心理上的还是身体上的，都会恰到好处地把话题扯开，不让别人注意到你的不自在。

有的外向者深谙此道，但也有的需要你提供一些暗示，也就是说，他们看不看得到你的压力，都由你来决定。例如："我也爱你的家人，但是一下子面对这么多的亲人对我来说太困难了。要不咱们每次只邀请一部分过来？""你要是能保证我觉得有点累想先走的时候，你会带我离开，那我就陪你参加这个公司派对。""我挺乐意和你一起去聚会的，不过你要知道我可能时不时会走神，或者走开出去透个气。"

外向伴侣可能还会贴心地帮你向朋友们解释："她没事的，只不过偶尔要消化一下脑子里的信息。你知道的，内向嘛。"（值得高兴的是，最近越来越多的人开始接受内向了，也慢慢能理解内向的意义。）

倘若你真的已经玩到筋疲力尽，考虑周全的他会开始收场，而且不会对此有所抱怨。凭借出色的社交技巧，当他们觉得聚会差不多可以散了的时候，会知道如何不留痕迹地让你们俩全身而退。若是还有同伴在场，聚会似乎还会再拖一会儿的时候，南希就会让苏珊把客人领到门口，因为苏珊可以做到"毫不紧张地和客人道别"。对我们内向者来说，这样的事情总是格外困难，我们太不善言辞，甚至会因为自己的内向而感到愧疚——告诉客人今天玩得差不多了，这感觉就不太友好，担心客人们会觉得你并不欢迎他们。

对内向者而言，最难的一件事莫过于举办一场聚会。南希和苏珊的亲人很多，会有数不清的上门拜访，有的还会住上几天。不过她们俩都觉得聚会最长不能超过三天三夜。尽管有时一想到聚会，南希会惴惴不安，但通常最后都会感到很高兴。她说："我很欢迎他们再来，只不过最好过几天。"苏珊把南希的底线摸得很准，南希说："她很照顾我，尤其在漫长的家庭聚会上，我们俩都要留心各种事情的时候。她会说'我去告诉他们你需要休息一会儿'或者'去转转吧，我知道你想一个人静静'。"

先生带我去拜访他的亲人时，他起床后总会给我泡一杯咖啡，这样的话我就有精力和周围的人多聊会儿天。他要是看到我有点倦意，就会把我带出去散散步。锻炼是个很好的借口。

好好沟通，相互交换意见，然后提出一些计划和办法，你会发现外向的另一半能在你需要他的时候挺身而出，为你化解很多压力。一个善解人意的外向者总是能及时把你从困境中拉出来。

## ♥ 逃离的妙处
### 享受一个人的独处


不管你有多爱一个人，有时候你也会想一个人静静。真的，只是自己待会儿就好。

我认识好几对结婚几十年的夫妻，这么多年来，有的几乎每个周末都是成双入对的，也有的只在必要的时候同时出现。他们有各自的相处方式，而我并不能完全理解他们。我很爱我的先生，但只有在独处的时候，我才会偶尔觉得这时的自己才是真正的自己。完完全全的，不受干扰的，就我一个人的时候。

对我来说，独处就是背上背包，开始一段个人的旅程。

我的生活节奏并不快，不会总是忙个不停，对生活过于苛刻，但是总有那么一两回，我会觉得别人对我的要求太多。我的生活态度和先生有很大不同。他是那只早起的鸟儿，而我却是暮色里的一只夜莺。他喜欢丰盛的晚餐，而我却随便应付一下就可以了。他钟爱电视和音乐，而我喜欢安静。他的喜好没有任何问题，只是和我的喜好不一样罢了。有的时候，我也需要做真正的自己。

这也是我爱上一个人旅行的原因。

有时候，我会特地找段时间，好好处理即将截止的书稿。我会找个风景秀丽的地方，租一间带厨房的小屋，每天无拘无束地写作、吃饭、远足，写作、锻炼、仰望星空，写作、阅读……偶尔会打开电脑看一整晚的电影，直到迷迷糊糊地睡过去。有时候也可以什么都不做。在我看来，好几天不和他人交流并不会有什么问题。

而我先生就不能过这样独处的日子——他更愿意和我一起待在家里。不过呢，他和我本来就是一类人。我们独自在家待上一两天后，他就会陷入自己的世界，发现自己也喜欢上这种独处的生活了。

和心上人共度二人世界是十分浪漫的。但是有时候，我们也需要一个人静静，调整身心。

艾飞克说，他觉得自己忍受不了他人的陪伴，哪怕是和自己心仪的年轻女士在一起。他说："我只是不喜欢夫妻俩总是腻歪在一起。如果我和妻子在一起待了很长一段时间，我就必须要独处一阵子。"

布莱特说："我的独处就是一个人看看书，玩玩电脑。而她的独处就是我们俩一起待着。说实话，这很可爱，让我觉得很开心。我就是爱她对我的依赖。差不多百分之九十九的时间我们俩都待在一起。只不过，我总要留给自己百分之一的时间一个人静静。"

布莱特并没有为自己的需求找借口，而是想办法尽可能地留出独处的时间。有时候他不会像往常那样和未婚妻约会，而是自己回家吃饭。他说："至少当我一个人吃饭、一个人思考的时候，那是我独处的一个小时。"若是没办法做到这样，他就会提早一点下班，在未婚妻回家之前一个人在家待会儿。有时候，为了能一个人静一静，他甚至会找一些不痛不痒的借口，逃掉晚上的课。（如果你和爱人在信任上有一些摩擦，这可不是个好主意。在那种情况下，还是坦白从宽的好。）

有时候，你只需要细细品味一些不经意到来的独处时光。托尼上班后，托恩就有了独处的机会，这是她最爱的一段时光。她说："我会待在楼上，给自己泡一杯咖啡，赖在床上两三个小时，然后慢慢地度过愉快的一天。"

我和先生刚开始同居时，他经常在家上班，而我有个朝九晚五的工作。每天早上醒来、晚上下班回家的时候，我总能看到他。尽管我深爱着他，但我还是问他要不要每周找个晚上出门溜达溜达，好让我能在家一个人静静。他同意了。

　　实际上，在我睡前顿悟之前，我就意识到尽管我们俩已经结婚，但这并不意味着我就非得和他在同一个时间就寝。哇，听起来好复古。我们并不是为了婚姻里的性生活才同床共枕的。因为我没有一个规律的生物钟，有时他睡着了，我还醒着，望着天花板发呆。有时我会睡前读一会儿书，然后模模糊糊睡着，接着一两个小时后自然醒过来。如今有很多个夜晚，先生已经酣睡的时候，而我依然醒着，读书、看电视、在网上闲逛。这样的独处时间也很有意思。

　　若是没有足够的独处时间，我们的关系会变得有些紧张。也许你还不知道自己为什么会突然变得焦躁不安或者闷闷不乐。若是出现了这样的情况，你只需要在某个晚上或某个周六，甚至就拿出几个小时来独处，调整自己的状态就可以了。给自己留一个房间，关上门，好好静一静。（我发现如果先生在家，关门就不太好了，显得很避讳。）

　　尽管在我的生活里，我总能有这样或那样的方式一个人待着，但是我偶尔还是需要完完全全的独处。这个时候，我就会背上行囊，独自旅行。而且，这世上还有千千万万和我一样喜欢独行的旅者。

　　香农说："一个人的旅行总是孤独的。我一直想带上我的狗，每年飞往一个地方，待上一两个礼拜，不需要向任何人报备，不用承担任何责任，来一场说走就走的旅行。我只和女友外出旅行过一次，去拉斯维加斯。那次很开心，但是在玩了四天之后，我发现自己在这个假期结束时急需一个独处的假期！"

伊丽莎白说："我超级超级喜欢一个人旅行，尤其是自驾游。我很享受不受时间限制的长途旅行。一般我开车的时候都不会放音乐，我喜欢听车胎的摩擦声。"

德鲁提道："去年八月我一个人开车去了西德州。尽管我知道如果能有个同伴一起，旅途会多很多乐趣，但我依然想一个人前往。我觉得自己需要一个人去看看。全神贯注，不受干扰。当我在山间行走时，我从来没有遇上过任何人，我的同伴只有野鹿、野猪，还有偶然遇上的一只狮子。谢天谢地，它比我还害怕。我喜欢把自己交给大自然，周围几英里都没有人烟，就我一个人。"

我体会过这样的感受。

所以，这是我的婚姻生活中的一种妥协。尽管先生能接受我一个人去旅行，但他绝不会像我一样对一个人的旅行有那么多的期待。谁又能怪他呢？但是他懂得，若是没有这些独行，我就会坐立不安，我们的婚姻里就会飘来乌云，日子就会满是闷闷不乐。我的独行能治愈我的灵魂，也利于我们之间的关系。而且他知道，我总会回家的。

若是你有一颗向往独行的心，却不能获得伴侣的支持，那么你们俩得好好商量一下。也许出门的时候，你每天或时时刻刻都跟他保持联系。约定好回程的日子，计划一些两人之旅。如果你们俩有了孩子，也许可以让孩子们好好陪陪爷爷奶奶，让伴侣和家人们一起过几天。我和先生偶尔也会把狗送去寄养几天，这样他就不用每天急急忙忙地赶回家给它添水加饭。

我希望当你们在一起度过了很多美好时光的时候，能够和对方坦诚自己对独处的需要。只不过要记住一点：也许你的爱人并不接受你的需求，你们必须对此多做讨论，消除误解，达成一致。你要和对方解释清楚，你想独处仅仅是因为你的性格使然，和其他人没有一丁点的关系。和对方说明若是没有独处的时间，你的情绪就会不稳定，找不到生活的乐趣。一定要讲清楚，独处对双方来说都是利大于弊的。

德鲁说，如果周围有人出现的话，就会有"砰砰"的声音。这样的描述深得我心——就算你们俩没有直接沟通，你的大脑还是感知到了对方的存在。对于有的内向者来说，这些砰砰声会在脑子里不断回响，最终成为噼噼啪啪的干扰声。

尝试向对方保证，当你一个人独处够了，就两人好好待在一起。说清楚你要去哪里，去做什么事；做一些对方无论如何都不会去做的事情；甚至是固定一段时间就尝试一回；每周二晚上给自己一个单身之夜，或者两人商定每年有几个固定周末，可以各做各喜欢的事情。

你需要不停地向外向伴侣保证，让他们接受你的独处需求。但是要记住，如果你真的需要一个人好好静静，那就需要两个人的共同努力。不管是一个晚上，一个周末，还是更多。

## 放之任之，也许就可以不了了之

### 内向性格者和冲突

克丽丝汀的第一任丈夫和她同样内向。她说："最开始我们走到一起，是因为彼此懂得对方的内向性格。当时在我看来，能找到这样的人真是万幸。可是我们的感情还是走到了尽头，因为我们都不想破坏现状，以至于一些严重的问题被掩盖了。由于我们俩没有好好沟通过，到头来这些问题变得根深蒂固，一下就让我们的世界天翻地覆，就此分道扬镳。"

的确。所有问题一旦被放任不顾，得不到妥善的解决，就会成为一颗定时炸弹。问到他们对这个问题的看法时，很多内向者说"很糟糕"，"我试着去避免这个"或者"我会离开那个房间"。

雅顿说："若是有点不顺心的事情，我先生就会把自己封闭取来，然后退缩到一边。我不得不把他从自己的世界里拉出来，然后就是无穷无尽的躲猫猫。我想和他解决问题，但他一味地逃避。"

24岁的毕业生尼克说："我解决问题的方式就是妥协，让另一方占据上风，以避免冲突持续下去。就算我明显有理有据，我也依然会尽量避免冲突。"

尼克的女友朱丽叶说："尼克在所有事情上都让着我，如果我无理取闹，他也只会有点不开心，然后跟我道歉。我觉得我们俩并没有很多争吵，但是我的情绪总是不稳定。等我平静下来后，我们俩就会好好谈一谈，最后总能得出解决的办法或者他向我道歉。他的性格总是沉静如水，从不对我大吼大叫。"

有时候确实很难去辨别到底是解决了问题，还是只是把问题转移了方向。有时候总是避免矛盾会造成更大的问题。情绪积蓄得太多，反而不好挽回。不管是否如你所愿，问题迟早有一天会爆发出来。

朱丽叶说："我和他之间存在一些问题的时候，我并不开心，但是我也不会把问题提出来。我觉得我不应该直接那么做，而且觉得自己是不是反应过激了。随后我就开始操心其他事情了。如果哪天碰巧不是很顺利，那么所有的不愉快就会全部发泄出来。"

哎！我也有过这样的经历。我就是一座活火山。如果有什么事情惹恼了我，我会花上很长一段时间去消化它，判断它是不是合理，把这个问题摆到台面上来说合不合适，我该不该相信自己的直觉。我会从各个角度去剖析，想象我先生各种可能的反应和我的怒火，若是吵起来，先生会说些什么话，我要如何回应。我脑子里会反反复复琢磨这些事情。在这段时间里，我能感受到我先生总是不安地望着我，想着当我总算回过神来时，是不是又突然想到了什么新的花招。

这对他来说并不公平。而且，当我把问题提出来的时候，我的情绪已经积压了太久，就像火山喷发那样来得惊天动地。到那时，哪怕是一丁点的小事也会成为导火索，烧断我最后一根理智，让那些本可以轻而易举解决的问题演变成滔天怒火。

这么做一点也不好。

两人相处时，没有冲突和不想面对冲突完全是两码事。爱人之间不可能没有矛盾，而处理矛盾的方式最能够反映出两人之间的关系是否健康。临床医学家卡罗尔·伦诺克斯表示，外向者会直截了当地解决这类问题（下一章节会提到），而我们内向者总会自己担着，沉浸在自己的思维里，这种做法会导致"冷战和没有信任的婚姻"。

为了防止冷战，内向的夫妻要学会"该开口时就开口"，学会在该倾听的时候勇敢地去倾听。另一个关键点：性格在我们处理矛盾时，只扮演了一个很小的角色。我们生活中所有的一切都能在自己成长的家庭里找到根源。从那时起，我们就学会了如何处理，或是避免冲突以及负面情绪。

还有很多内向者知道，对自己来说，在开诚布公与和平解决问题之前，适当的逃避是必要的。梅丽莎说："按我的习惯，在我冷静下来之前我会退缩，或者说选择退缩。我每天总要发那么一两通脾气。"

加里说："我觉得我们俩都不喜欢直面矛盾，都倾向于避免它。尽管我妻子乐于通过沟通解决问题，但是她发现把问题摆上台面说比较困难。而我总是对问题耿耿于怀，纠结许久后才能想好我要说什么。我希望我把问题提出来的时候，不会被打断，但其他人比较希望通过谈话来解决。"

因此，加里总是通过邮件来说明问题所在。我也是。加里的妻子和我先生对这种解决办法的态度是一致的：不喜欢。加里说："我的这个习惯本身就成了个问题。"确实如此。很早的时候，我先生就把这件事拿出来和我约法三章（那时候邮件并不普遍，还是写信的年代）。他的规矩是：有话就说，不要写信。

我生来就是一名作家，我的工作也是写东西。他的这种要求让我难以适应。我曾经还把我要对他讲的话写下来，然后读给他听。我知道这样并不好，感觉两人关系很疏远，原因在于：把要说的话写下来，就会形成一个冷冷冰冰、干干净净、无懈可击的问题包裹。而在问题激化以前，面对面把话说清楚，能够让两人敞开心扉，说出心底的话，这样总好过冷冰冰的分析。

但是我要提醒你，做到这一点并不容易。我磕磕绊绊了许多年才学会这里头的技巧，而且当两人都在气头上时，我先生也不得不学着控制自己的脾性，不然一切都于事无补。总的来说，我们俩都在为此而努力。

如果你恰好是个很会开玩笑的人，那么这将给你带来很多便利。婚姻专家约翰·高特曼认为，在吵架时能开开玩笑、打破僵局的夫妻能够相伴长久。就像道格和他的妻子那样。道格说："我们的生活态度和人生观都很相似，所以时不时会打趣周围的一切。但是呢，你总有要严肃对待生活的时候。我们俩彼此都很坦诚，处理问题的方式也在同一个频道上。"

当然了，你也不需要玩笑开过头，以至于火上浇油。但是适当地笑一笑，能拉近两人的关系，让你们在不愉快的时候想起那些欢乐时光。

但好的一面就是，我们可以学着如何处理冲突——不管是摸着石头过河，还是寻求专家的帮助。艾德和丽贝卡就是自己摸索出了解决办法，尽管艾德脾气比她暴躁。丽贝卡说："当他发脾气时，我会让一步，沉默不语。"但是现在她懂得，在气头上时的争吵也会成为一个问题的导火索。艾德说："我们会找个机会在某个地方好好商量，有时能和解，有时依然无法达成一致。不过我们不会摔门而去——我们不会生气地去睡觉、上学、工作，哪怕是跑跑腿。"

通过私人咨询，加里学会了如何处理矛盾，而不是逃避矛盾。他说："我会端正自己的坐姿，把双脚平放在地板上，不跷二郎腿，有意地挺直腰杆，把手放在身侧或膝盖上，保持一个开放的姿势，表示自己愿意倾听她的话。当我觉得焦虑的时候，我就待着不动，而不是逃避谈话，躲到自己的房间里。"

当贝丝和丈夫起了冲突的时候，她寻求了婚姻治疗，效果很明显。她说："我们总是顺着另一方的思路走，能判断出电话那头的另一半是不是有什么事，该不该挂电话。我们学会在另一方还保持清醒和理智的时候，控制自己的脾气，承担起应负的责任，好好分析问题的所在。这对我们解决问题很有效果。我们在这个方面还要多加练习。倘若有一方没有精力讨论这件事，我们通常会商量着晚一点再谈，或者两个人都先静一静。"

没有谁——不管是内向者，还是外向者——会真正喜欢冲突，但是在一段正常的两性关系中，冲突是不可能避免的。因为问题就好比扎在皮肤里的小碎片：如果你不及时清理它们，伤口就会慢慢被感染、发炎，然后最初的那个小问题，到头来很可能会变成丑陋的伤口，痛得让你难以忍受。

♥ **对！你，滚开！**

当内向性格者和外向性格者吵起来的时候


同样的，无论你们俩有多爱对方（即使你们深深爱着对方，风险也很大），有时候你们俩也会意见不一致，头脑一片空白，需要消除误会。这对于两人的关系来说很重要，不可或缺，但也绝不是让人高兴的事。（当然了，热恋中的小情侣不算。）尤其是一方倾向于放任问题不管，而另一方觉得非解决不可的时候。

对于性格不同的夫妻来说，冲突有其难办的一面，也有好的一面。当问题出现时，外向的那方会立马把它摆出来，这既是一个挑战，也是一个好习惯。

克丽丝汀说："当我心里窝火的时候，我会避而不谈。"而她的新婚丈夫却极为开朗。她说："我的直觉就是找个地方躲起来，而不是着手解决问题，不管这个问题是什么。或者，我的反应会很被动，同时却敏感而好斗。我先生则跟我完全相反，当他察觉到有点不对劲时，通常会让我好好静一静。这真的是件好事情，即使有时他不得不把愤怒的我从沉默中拉出来。我们俩的相处方式，恰恰是我所期待的——健康，诚实，开放。"

克丽丝汀不是唯一一个这么做的人。南希说她也有同样的反应，但不会给另一半带来困扰。她的妻子已经学会在解决问题之前，给她一定的空间。她说："最近我们俩就因为一件事而烦心，我们正在冷处理这个问题。她说了很多让我伤心的话，当时我痛苦地一句话也说不出口。后来我吼了几句，然后摔门而去。现在，她知道最好让我好好静静，因为我情绪波动很大、脾气不好的时候会说狠话。我必须平静下来，才能好好和她谈谈那个问题。"

一个小时之后，两人就这个问题好好聊了聊。若是当初苏珊一味地咄咄逼人，事情绝不可能以这样的方式收场。

布莱特说："我和未婚妻吵得最多的一件事，就是我知道她生我气的时候，我会不管不顾地逃开。一发现她生气了，哪怕只是心里不畅快，我就闭嘴了。我安安静静地在自己脑子里想着这件事情。而她却想把问题摆出来，找出解决办法。但是，我的第一反应通常是把自己关在舒适空间里，很少开口。我知道这并不能解决问题，只会让争吵白热化。但是，这是我内向性格的一面，我宁愿在自己的世界喘一喘气，然后走出风暴中心。对此，我并不觉得自己对了，但有时候，我就是没办法控制自己下意识的举动。"

治疗专家南森·菲尔斯认为，这并不是个案。外向者倾向于立刻把所有问题摆出来，他们脱缰的情绪会马上淹没内向的那一方。他说："汹涌的情绪会让他们滔滔不绝地将问题抛出来。而内向者则理智一些，但是经历这种情绪波动和分歧的时候，内心会闷闷不乐。"

他补充道："对外向者来说，很难做到不动声色。外向者总是会情绪化，需要有人倾听，需要别人证实他们的情绪。"同时，内向者必须努力把问题澄清，这样外向的那一方才会理解问题的症结所在，停止歇斯底里的情绪失控。

这样的相处可不会让两人的感情之路变得顺利。

大卫说："我们有矛盾的时候，我总是想办法绕开它。对我来说，彼此发脾气是没有用的。所以，有时候她会说'你唠叨得就像个和尚在念经一样'。"

大卫接着说道："有时我的确会因为念叨太多而受到指责——她说我总是像个哲学家，找不到问题所在。"而他外向的妻子则会一下跳进问题的漩涡里，愤怒地表达自己的感受。他说："她对待问题的方式让我很难适应，直到现在，我依然要忍受她的这个脾气。这有时也会刺痛我，但是我知道我们俩必须直面问题。"

　　你们必须直面问题的原因，一方面是因为人不能一味地避免矛盾。如果你只是以绝口不提、拒绝参与进去的方式来回避问题，那么你就触碰到了婚姻专家口中的四大雷区之一：故意拖延。约翰·哥特曼认为，这是很多婚姻走到尽头的原因之一。一旦你拒绝和另一半沟通彼此间的问题，那么你们俩的关系就一步步走向了万劫不复的深渊。

　　内向者总是试着清醒地面对问题，这当然不是因为我们对此没有情绪上的波动。我们的情感丰富着呢，还很细腻。当我们脾气来了，或者在想该如何面对问题的时候，我们脑子里会充斥着各种情绪，只是一个个都被密封了起来。

　　道格的妻子不得不教会他如何应对冲突。他说："一开始的时候，她会指出我哪里做得不好。她谈过几次恋爱，所以她知道两人相处会出现什么样的问题。她教会我在心情不好的时候，如何一起讨论问题。"

　　但是，和南希一样，道格并不擅长马上做出回应。刚结婚时，道格夫妇并不会像现在这样静下心来好好谈一谈，他会火冒三丈。他说："我会对她一顿吼，说我想知道问题的来龙去脉，想让他们知道我心里的怒气。"后来，这对夫妻发现，最好的解决办法就是让妻子把问题提出来，道格负责思考分析，然后两人再深谈。

　　这都是天性使然，性格不同的夫妇之间的矛盾跟内向还是外向没有一丁点关系。比如，在克丽丝汀的婚姻里，奶酪就是一个问题。"无论他什么时候买了一些奶酪，我都会吃光。我也不知道为什么，但是我就是疯狂地爱着奶酪，只要看到奶酪，我就什么都不管了。"但反复的争吵可能会说明另一个问题，就是你也许会发现性格的不同会让矛盾升级。请记住，像这样的问题——比如亲密关系——在我们的童年里是有迹可循的，我们在最初的恋爱中就已经有这样的势头了。

　　卡罗尔·雷诺斯举了个例子，如果你的父母不尊重你的内向性格，经常让你像其他外向的孩子那样为人处世，那么你也许就会被与你有同样经历的外向者吸引。对我们来说，发展一段似曾相识的关系是很自然而然的，但是你现在所经历的这种熟悉感，与你童年时的经历不一样，并没有那样的美好。因为那时你还只是个孩子，你只想安安静静地坐在角落里读书。小时候，你也许习惯了有人督促你出门和朋友们打成一片，但这并不意味着，已经长大成人的你，还需要别人的指手画脚。卡罗尔说："这种我见得多了。内向的那方觉得外向的那方侵占了自己的自由。而外向的那方却觉得内向的这方不接受自己，总是拒绝自己。"

　　觉得自己空间被侵占的内向者也许就会为了自我保护而退缩得更远，觉得自己不被接受的外向一方则会开始在外面流连忘返，总是和朋友们，和其他的家庭玩乐。然后，恶性循环就这么开始了。

"影子"理论也能解释我们对伴侣的选择倾向——我们在选择伴侣时，希望对方身上有我们自己想要却不可得的东西——也就是我们自我的影子。

卡罗尔说，喜欢外向性格的内向者可能会被外向者深深吸引，同时也会成为外向者眼里的理想伴侣。但是新鲜感过了之后，嫉妒和愤恨就会悄悄滋生。也许你会羡慕外向的他总能和人们打成一片，而你的外向伴侣也许也开始不满足于你间接地感受外向，开始逼你走出家门，让自己外向起来。

如果你真心想外向起来，那就再好不过了，因为你的外向伴侣会给予你帮助和鼓励。但是，如果你满意现在内向的自己，对方的鼓励可能就让你觉得是一种压力。这对外向者来说，也是如此。也许外向的他选择和你共度一生，是因为他被你的沉静所吸引，但一段时间之后，他会开始焦虑，觉得被牵制住了。

如果你知道问题所在，知道轻重缓急，并愿意沟通，那么这些对两人的感情都不会有致命的威胁。在这个过程中，也许你要进行深刻的自我反省，经历一段艰难的对爱的试探——对你自己而言。在就问题进行沟通时，你做出了什么努力？你是座活火山吗？好好想一下我之前的话，这可没什么好处。在你把问题想象成不得了的灾难之前，试着逼自己把事情讲出来。

若是发觉自己在矛盾激发时总是缄默不语，那么提醒自己这样做根本解决不了问题。如果觉得难以招架外向伴侣无穷无尽的发泄，那么等双方都冷静下来，再好好谈一谈。（当两人都是低气压，处在风暴中心时，把问题摆出来不仅于事无补，还会火上浇油。）当然，有需要的话，你可以适当走开，先想一想，这是没问题的。但是，你要让对方知道你在干什么，让他知道你不是通过回避来表达不满。当你准备妥当，决定直面问题时，你最好主动把问题提出来。

南希说："只要忍一忍，控制自己的情绪就好了。"她已经和苏珊携手走过了 23 个年头。她说："当我们俩需要谈谈的时候，我们会十分重视有建设性的谈话。这么多年以来，我们俩都努力去倾听对方的感受。要在谈话时有所收获的确不容易，一不小心就会吵起来。但比又一轮的互相伤害更难的是，看懂这些恶语相向背后蕴藏着的爱。"

一旦两人开始相互谩骂，你们俩就把两人的关系带到了哥特曼四大雷区中的第二个险地——蔑视，批评，防御。如果你们俩说着说着，开始直呼大名，羞辱对方，否认自己说过的话，然后摔门而去，那么你们俩的关系可能要跟着走到终点了。

若是觉得自己和伴侣的关系总是在反反复复的争吵中挣扎，那么你可以用内向的方式寻求帮助——阅读。哥特曼的书能让你大开眼界，让你学会许多与矛盾相关的知识。道格和妻子认为，威拉·德哈雷（Willard F. Harley Jr）的《他与她的需求：如何做到一生一世一双人》（*His Needs, Her Needs: Building an Affair-Proof Marriage*）对两人帮助很大；哈维尔·亨德里克斯的书这几年也解决了很多读者的问题；加里·查普曼《爱的五种语言：收获历久弥新的爱情》（*The Five Love Languages: The Secret to Love That Lasts*）也能让你豁然开朗。

但是，倘若你正在矛盾中挣扎，没办法自己找到解决办法，那么你最好咨询专家，让他们帮你理清关系，提出建议。南森在这方面经验丰富，曾帮助无数的夫妻重拾幸福。他说："当两人能找到停火地带，倾听对方的感受，在不越界的前提下表达自己的想法时，两人的联系就会更加紧密，沟通也就更有效。看到他们和好如初，真是世界上最幸福的事情。"

## ♥ 这就是爱

### 内向性格者的怦然心动


这就是心动的感觉吗？是不是遇上了命中注定的那个人了？

内向者在接收到爱的讯息时，并不会很自在——棒球赛时的公开表白，餐厅里一场精心准备的求婚。（一想到整个餐厅的人都鼓掌，喊着"生日快乐！"，我就不禁打个寒战。）你不太可能遇上一个难缠的内向新娘——成为关注点的中心对我们来说并不那么重要。让我们怦然心动的，永远都不是绚丽的、盛大的事物。他们只要找对切入点，给我们温柔一击就可以了。

有时候，内向者会变得有点反应迟钝。我们的情绪总是会慢一拍。托恩和托尼一直想摸清楚自己在对方心里的重要性，直到某次两人敞开心扉地交流后，才知道彼此已经爱得那么深了（然后两人的关系突飞猛进）。我们内向者也总是很自立、自信，但有时候也会太过自傲、自负，成为一名独孤的苦行僧。但是每个人都需要被爱，而且每个人感受爱的方式都不同。你得到了魂牵梦萦的爱情了吗？你有没有想过，怎样才能让你感受到被爱呢？

加里·查普曼在《爱的五种语言：收获历久弥新的爱情》一书中就这两个问题进行了深刻讨论。如果你们觉得爱人没有充分接收到自己爱的讯息，这本书能让你醍醐灌顶。因为爱的表达是另一种语言，所以我们表达爱的方式会千变万化。

我采访了很多内向者，询问是什么让他们感到被爱。也许有的观点会让你产生共鸣，有的会让你开始想象，当爱人在你耳边耳语时，那是种怎样的爱的感受。

当安妮新交的男友对她敞开心扉时，她知道自己选择对了。"某个礼拜，我们开车去教堂，然后他说：'我要声明一点，我跟你在一起，是奔着结婚去的。'我回答道：'谢谢你的直言不讳。'我觉得他很负责任，当时他给我的感觉就是一个好男人，让我很安心。"

丽贝卡在一个万圣节上也怦然心动了一下。她说："我买了一大束荧光项链，我们把自己养的5只小狗打扮得花枝招展，然后找出发光球，和它们做游戏。看着它们欢快地跑来跑去，只通过它们脖子上的荧光项链来判断它们的位置，真的太有意思了。真的，非常欢乐。当时我们俩笑得前仰后合，我脑子里就冒出了这么一句话：'看，我找到了一生的寄托。'"

当丽贝卡面对失控的事情时，艾德就把她逗得哈哈大笑，就是这时，她感受到了爱。她说："我不擅长处理失控的事情。有一次，我刚刚看完医生，从医院出来，那时还没有做乳房切除手术，我就说我再也不要患上乳腺癌了。艾德当时正在玩电脑，他头也不抬，立马说：'好，咱们一起努力。'当时我愣了那么一两秒，然后哈哈大笑。那一刻，他给了我当时最需要的东西。"

拥抱也是。丽贝卡说："但是我只依恋他的拥抱。若是别人的话，我是没办法喜欢上的。"

艾德也很喜欢拥抱。他说："我不久前才理解了拥抱的意义。在这一两年里，我们从来没有分开超过二十四小时。那么多个日日夜夜，我们就坐在客厅里。她坐在书桌前，我捧着自己的手提电脑，我们俩坐得很近，相距不过六英尺。我突然觉得心烦，然后对她说道：'我想你了。'但是当时我并不知道自己为什么要那么说。后来细细一想，我发觉是因为我们俩渴望身体上的接触。上了一天班之后，我们俩一起看电影，她躺在我怀里，而我搂着她的肩膀。"

自那以后，两人就纠正了那六英尺的距离。

布莱特的未婚妻经常在车窗上留下纸条。他说："我爱死这些纸条了！"当他窝在沙发里，未婚妻在厨房忙着准备晚餐的时候；当她把自己的拼图搞定的时候；当她给他买了一本心仪的书的时候，布莱特就感受到了被爱。他说："我要求的并不多，我只是希望她能心里有我，理解我。"

乔伊也处处感受到了被爱：当她不想出门，想一个人静静的时候；当她想要诉说的时候。她说："我爱人总能理解我，不像别人，只等着我快点说完，好自己开口。"

当南希发觉全速前进的伴侣为了照顾她而减慢速度时，她也感受到了被爱。南希说："当她忙得要飞起来，而我觉得自己被忽略的时候，她只要对我说一句'亲爱的，你是我生命里最重要的部分。但是现在这会儿，我有更重要的事情要做'，'我能为你做点什么？我要怎么做你才会开心呢'，然后她真的会按我的要求去做一些事情。她照顾我的感受，而那正是我需要的关怀。但其实我也不需要太多照顾，因为我在很多方面都很独立。"

我也是一个相当自立的人——有时候这并不好。我很难承认我需要某人的帮助，如果我太过于自立，我就会因为太自信而感受不到被爱。这真是一个漫长的过程。

和很多女性朋友一样，我也喜欢幽默的男人。我先生比我之前遇上的任何一个男人都风趣。一次，就在不久之前，当我因为他的冷笑话而笑出眼泪的时候，他说："我就喜欢让你笑。"

那一刻，我心里满满的都是爱。

那么，你呢？

## 写在书的最后

　　我在这本书里提到了很多次（这么重要的事情，哪怕说上三四百次也是不够的）——内向者各有各的不同，而且我们其实并不仅仅有内向或者外向的性格。即使你已经知道很多关于性格的理论——比如大学心理课上的五大性格特质——你还要从另外四个方面来好好思考自己：神经质、亲和力、责任心和愿意尝试的开放性。在这几个方面，每个人的表现都不一样。

　　当然，我很清楚，很多内向者会严肃地对待自己的内向，剖析自身，分析自己与外界沟通的方式，把内向看成自己的一部分。同样的，对于健康的两性关系来说，这样的态度也是我们所需要的。所以，我才会从不同角度，去分析内向性格对我们追寻幸福、经营婚姻的各种影响。

　　我并没有说，找到命中注定的那个人是件简单的事情。

爱情是艰难的，我们都懂。爱一个人，要花上很多心思，很多时间，还有很多亲吻。爱情要求我们了解自己，有远见，有热情，有幽默感，能够走出自己的舒适空间，敞开心扉，有时候还不得不展开一些尴尬的谈话。寻爱路上，也许你会经历这样或那样的心碎，但这也会让你知道，你并没有因为沉浸于爱情中而忽略周围的朋友。受伤之后，你还是需要朋友的帮助。当你找到爱情的那一瞬间，你就面临着新的挑战，你要调整所有的时间、空间和情感需求。

　　但是我希望，这本书能够帮你照亮寻爱之路。让你清楚地知道自己想要什么样的爱情，知道要在什么时候遵循本心。我希望这本书能让你确信，亲密的相处和保有私人空间并不冲突，这两者不是处在对立面上的。

　　若是你找到了命中注定的另一半，你依然会遇到各种各样的问题。我们讨论过的问题也不可能一劳永逸地得到解决。人是会变的，周围的一切也在变化。你会发现，在一段感情里，你必须不停地调整自己。尽管一些性格心理学家认为人的内向和外向是"稳定的特质"——那是因为与生命中的其他东西相比，性格会相对稳定一点，所以内向的你也许不太可能突然想成为人群中的焦点，但你会发现自己在不同的时候有不同的需求。也许当你有了自己的孩子时，你会想拥有更多的自我空间；但当孩子们羽翼丰满，一个个离家过自己的生活时，你又会怀念当初的热闹和喧嚣。也许工作上的变动也会让你对社交有不同的理解。也许你会随着时间的流逝而改变自己，对社交的需求可能一时多一时少，或者你的另一半会这样不停地改变。

当你一旦了解了矛盾背后的个性差异，双方的沟通就会更加有效、和谐。一旦两人都理解了差异仅仅是差异，不存在哪一方好、哪一方差的时候，两人在某些事物上的分歧就不会那么水火不容。

所以，无论你是在寻觅爱情的路上，还是早已坠入爱河，我希望这本书能在你需要的时候给予你帮助，让你更加深刻地了解自己的内向性格，知道如何利用内向经营自己的感情或婚姻。

# ♥ 致 谢

　　在本书完成之际，首先要向所有接受我采访的内向者致以诚挚的谢意。他们风趣幽默，思想深刻，坦率真诚，博学多识，而且十分体贴，积极配合我的采访。毫不夸张地说，没有他们的慷慨相助，我不可能完成本书。

　　我还要衷心感谢我的助理，佩妮·尼尔森（Penny Nelson）。她给了我很多灵感，在我遇到困难时，给予我各种有力帮助。（真心地谢谢你！）同时，我也要感谢我亲爱的编辑，梅阁·蕾德（Meg Leder），谢谢她在我质疑的时候，把我拉回了正轨。

　　感谢一直默默支持我的朋友们：凯伦·雷特（Karen Reiter）、乔伊·尼尔森（Joy Nelson）、戴安娜·斯图尔德（Diana Stewart）、雷斯利·加斯帕（Lesley Gaspar）、戴夫·柏芭奇（Dave Baumbach）、南希·克鲁（Nancy Kruh）以及阿什利·鲍威尔（Ashley Powell）。此外，我还要感谢我的哥哥尼克·登布林（Nick Dembling），我最优秀的家人乔·安（Jo Ann）和汤姆·百托司（Tom Battles）。他们永远都是我坚强的后盾。他们给予我的爱、理解、关心和支持是我不断前进的动力。

最后，衷心感谢我的先生，汤姆·百托司（Tom Battles），谢谢你的一切。还有我们的狗，杰克（Jack），谢谢你是个听话的好孩子。

## 图书在版编目(CIP)数据

安静的幸福:内向性格者的爱情密语 / (美)索菲娅·登布林(Sophia Dembling)著;童心译. -- 重庆:西南师范大学出版社, 2017.3
书名原文:Introverts in Love: The Quiet Way to Happily Ever After
ISBN 978-7-5621-8572-7

Ⅰ.①安… Ⅱ.①索… ②童… Ⅲ.①恋爱心理学-通俗读物 Ⅳ.① C913.1-49

中国版本图书馆 CIP 数据核字 (2017) 第 048247 号

All rights reserved including the right of reproduction in whole or in part in any form. This edition published by arrangement with Perigee,an imprint of Penguin Publishing Group,a division of Penguin Random House LLC.

## 安静的幸福——内向性格者的爱情密语
ANJING DE XINGFU——NEIXIANG XINGGEZHE DE AIQING MIYU

[美] 索菲娅 · 登布林 (Sophia Dembling) 著　童心 译

出 品 人：米加德
总 策 划：卢 旭　彦吴桐
责任编辑：何雨婷　蒙莹雪
版式设计：谷亚楠　陈雅欣
封面设计：闽江文化
出版发行：西南师范大学出版社
　　　　　重庆市北碚区天生路2号　邮编：400715
　　　　　http：//www.xscbs.com
　　　　　市场营销部电话：023-68868624
印　　刷：重庆共创印务有限公司
字　　数：128千字
开　　本：890mm×1240mm　1/32
印　　张：7.25
版　　次：2017年9月第1版
印　　次：2017年9月第1次
著作权合同登记号：2017年第059号
书　　号：ISBN 978-7-5621-8572-7

定　　价：38.00元

# 读者回函表
READERS
WIPUB BOOKS

姓名：_____ 性别：_____ 年龄：_____ 职业：_____ 教育程度：_____

邮寄地址：_____ 邮编：_____
E-mail：_____ 电话：_____

您所购买的书籍名称：《安静的幸福——内向性格者的爱情密语》

## 您对本书的评价：

书名：□满意 □一般 □不满意 ┊ 故事情节：□满意 □一般 □不满意
翻译：□满意 □一般 □不满意 ┊ 书籍设计：□满意 □一般 □不满意
纸张：□满意 □一般 □不满意 ┊ 印刷质量：□满意 □一般 □不满意
价格：□便宜 □正好 □贵了 ┊ 整体感觉：□满意 □一般 □不满意

您的阅读渠道（多选）：□书店 □网上书店 □图书馆借阅 □超市/便利店
□朋友借阅 □找电子版 □其他 _____

您是如何得知一本新书的呢（多选）：□别人介绍 □逛书店偶然看到 □网络信息
□杂志与报纸新闻 □广播节目 □电视节目 □其他 _____

购买新书时您会注意以下哪些地方？
□封面设计 □书名 □出版社 □封面、封底文字 □腰封文字 □前言后记
□名家推荐 □目录

## 您喜欢的书籍类型：

□文学-奇幻小说 □文学-侦探/推理小说 □文学-情感小说 □文学-散文随笔
□文学-历史小说 □文学-青春励志小说 □文学-传记
□经管 □艺术 □旅游 □历史 □军事 □教育/心理 □成功/励志
□生活 □科技 □其他_____

请列出3本您最近想买的书：_____、_____、_____

请您提出宝贵建议：_____
_____

★感谢您购买本书，请将本表填好后，扫描或拍照后发电子邮件至wipub_sh@126.com
和xscbsr@sina.com，您的意见对我们很珍贵。祝您阅读愉快！

# 图书翻译者征集

为进一步提高我们引进版图书的译文质量，也为翻译爱好者搭建一个展示自己的舞台，现面向全国诚征外文书籍的翻译者。如果您对此感兴趣，也具备翻译外文书籍的能力，就请赶快联系我们吧!

您是否有过图书翻译的经验：☐有（译作举例：＿＿＿＿＿＿＿＿＿＿＿＿＿＿）

☐没有

您擅长的语种：☐英语 ☐法语 ☐日语 ☐德语

☐韩语 ☐西班牙语 ☐其他＿＿＿＿＿＿＿＿＿＿

您希望翻译的书籍类型：☐文学 ☐生活 ☐心理 ☐其他＿＿＿＿＿＿

请将上述问题填写好、扫描或拍照后，发电子邮件至wipub_sh@126.com和xscbsr@sina.com，同时请将您的译者应征简历添加至邮件附件，简历中请着重说明您的外语水平等。

期待您的参与!

西南师范大学出版社
上海万墨轩图书有限公司

## 更多好书资讯，敬请关注

万墨轩图书　　　西南师范大学出版社

文学 · 心理 · 经管 · 社科

## 艺术影响生活，文化改变人生